# CH. MISMER

# SOUVENIRS

# D'UN DRAGON

## DE L'ARMÉE DE CRIMÉE

AVRIL 1854 – JUILLET 1856

PARIS

LIBRAIRIE HACHETTE ET Cⁱᵉ

79, BOULEVARD SAINT-GERMAIN, 79

1887

# SOUVENIRS

# D'UN DRAGON

## DE L'ARMÉE DE CRIMÉE

# CH. MISMER

## SOUVENIRS

# D'UN DRAGON

### DE L'ARMÉE DE CRIMÉE

AVRIL 1854 — JUILLET 1856

## PARIS
### LIBRAIRIE HACHETTE ET Cⁱᵉ
79, BOULEVARD SAINT-GERMAIN, 79

1887

# SOUVENIRS
# D'UN DRAGON

## DE L'ARMÉE DE CRIMÉE

30 AVRIL 1854 — 12 JUILLET 1856

## I

### DE MEAUX A GALLIPOLI.

J'entreprends de raconter la guerre de Crimée au point de vue restreint d'un soldat confondu dans les rangs; c'est assez dire que mon récit ne comprendra que les choses accomplies sous mes yeux ou recueillies autour de moi.

L'histoire et la stratégie ne tireront pas grand‑
profit de ces pages consacrées à toutes sortes
d'aventures, aux mœurs des camps, aux mi‑
nuties de l'existence et du caractère militaires
dans les situations les plus diverses et les plus
contradictoires ; en revanche, les survivants
de la campagne d'Orient y trouveront un
écho de leur jeunesse, de leurs souffrances
et de leurs exploits ; la nouvelle armée, des
exemples et peut-être des leçons ; les patriotes,
une diversion aux tristesses du temps pré‑
sent.

Cela dit, pour marquer les limites de mon
ambition, j'entre en matière.

La déclaration de guerre me trouva briga‑
dier au dépôt du 10ᵉ régiment de cuirassiers en
garnison à Meaux, sous le commandement du
major Charles Martin qui, depuis, a pris sa re‑
traite comme colonel et a fait partie du Conseil
municipal de Paris.

Engagé volontaire à dix-sept ans, je comp‑
tais quatre années et demie de service ; j'étais

donc un ancien soldat, bien que je n'eusse pas encore de moustaches.

Mes débuts n'avaient pas été heureux.

A force de ruer dans les brancards de la discipline, semblable à un poulain impatient du mors, je me voyais distancé par mes camarades. La guerre seule pouvait me fournir l'occasion de réparer le temps perdu.

Le 10e cuirassiers n'étant pas compris parmi les régiments appelés à faire campagne, je me souvins qu'au temps où j'étais élève-instructeur à Saumur, le général de Goyon m'avait offert son appui, en cas de besoin. Muni d'une permission, je vins le trouver à Paris, en son hôtel, rue d'Astorg.

Le général m'accueillit avec une parfaite bienveillance, voulut bien me renouveler l'assurance de ses bonnes grâces, me promit d'écrire le jour même à mon colonel M. Rigault de Rochefort, qui se trouvait à Versailles avec les escadrons de guerre, et m'invita à prendre sa réponse le lendemain.

Quand je revins, le général me fit part d'une lettre de mon colonel où il était dit, entre autres choses tendant à me conserver, que j'étais un « sujet d'avenir » ; ce qui m'étonna beaucoup.

« Dans ces conditions, ajouta le général, vous auriez tort de quitter votre régiment. D'ailleurs cette guerre ne durera point. Si je pensais le contraire, je n'hésiterais pas à changer ma situation d'aide-de-camp de l'empereur contre un commandement actif. » Bref, j'en fus pour ma démarche.

Cependant, j'étais résolu à ne rentrer à Meaux qu'après avoir épuisé toutes les chances de faire campagne. Je me rendis à l'École militaire, où se trouvaient les guides de la garde dont le major, M. Vigogne, sortait de mon régiment.

Lui aussi me témoignait beaucoup d'intérêt et m'avait permis de recourir à sa protection. Dès les premiers mots, il approuva mon parti. « Aujourd'hui même, me dit-il, j'irai trouver

le général, directeur de la cavalerie, au Ministère de la guerre. Votre changement se fera
d'office. Je demanderai qu'on vous place au
6ᵉ dragons dont le lieutenant-colonel, M. Ressayre, est mon vieil ami. Vous pouvez rentrer à
Meaux; ne dites rien à personne, et tenez-vous
prêt. »

Huit jours après je recevais l'ordre de me
rendre, à mes frais, par les voies rapides, à
Tarascon, où se trouvait mon nouveau régiment.

En passant par Paris, je ne manquai pas
d'aller remercier le major Vigogne. Cet excellent chef, dont je suis heureux de rapporter
ici le nom, en témoignage de ma reconnaissance,
me remit une lettre de recommandation pour le
lieutenant-colonel Ressayre et me fit l'honneur
de m'inviter à dîner avec sa famille. Le même
soir je partis pour Mâcon où s'arrêtait alors
la voie ferrée. De Mâcon à Lyon et de Lyon à
Avignon, je fis la route en bateau à vapeur.
J'arrivai le 24 avril à Tarascon. Il n'était que

temps. Le régiment devait se mettre en marche le 26 pour Marseille, et s'embarquer le 30 pour Gallipoli.

D'anciens camarades de Saumur, que je retrouvai sous-officiers, me firent le meilleur accueil. Je fus habillé, armé et monté ; mais les cadres des escadrons de guerre étant constitués, malgré la recommandation dont j'étais porteur, il fut impossible de me conserver mes galons de laine. Ce sacrifice me coûta peu.

Mon nouveau colonel, M. Robinet de Plas, était un original. Quand je lui fus présenté au rapport, il portait sur la tête une calotte de dragon, et des épaulettes sur sa capote ; très affable d'ailleurs et aimé du soldat. Le lieutenant colonel Ressayre avait l'écorce plus rude. Ses qualités d'homme de commandement, ses campagnes en Afrique, ses blessures imposaient la considération. M. de Simony, mon capitaine-commandant et M. de Langle, mon officier de peloton, étaient des chefs sympathiques, instruits et distingués.

Pendant les deux jours, qui précédèrent le départ, j'eus l'occasion de remarquer que les exercices de garnison ne préparent nullement à la guerre.

En France, tout se fait par révolution. A part quelques officiers, ayant achevé leur éducation militaire en Afrique, personne ne connaissait l'usage des tentes et des effets de campement. En toute hâte, on se livrait, dans la cour du quartier, à des expériences de paquetage. Tour à tour, les escadrons étaient soumis au service d'avant-postes. Les hommes s'embusquaient derrière les murailles et tâchaient de se faire prisonniers. Les contestations ne manquaient pas. Cela me fit l'effet d'enfants qui s'amusaient à jouer aux soldats.

Quatre étapes séparent Tarascon de Marseille. La deuxième, qui va d'Arles à Salon, compte une quarantaine de kilomètres à travers la plaine de la Crau. En ce temps, cette plaine était un désert. Aussi loin que portaient les yeux, une nappe de galets et de cailloux, à travers lesquels poussaient des brins d'herbes que broutaient des moutons clair-semés. Le mistral, qui soufflait faiblement au sortir d'Arles, s'éleva bientôt jusqu'à la violence. Une neige aveuglante cinglait les visages. Le froid devint tel que nous fûmes contraints de dérouler nos manteaux; mais alors les chevaux eurent peine à avancer. Le vent soufflant de travers les poussait dans le fossé, bien qu'on eût doublé par quatre pour offrir plus de résistance. Ce fut comme un avant-goût des misères qui nous attendaient en Crimée.

Nous arrivâmes à Marseille le 29 avril, et l'on nous caserna au Lazaret, vieille construction qui a été démolie depuis.

A cette époque, la ville de Marseille n'était pas ce qu'elle est aujourd'hui. A l'exception de la Cannebière et de quelques rues adjacentes, les divers quartiers se montraient sales et tristes. Les nouveaux bassins n'existaient pas. Ce que l'on appelle l'ancien port regorgeait de navires, de tout tonnage et sous tout pavillon que l'on avait affrêtés à la hâte pour le transport des troupes et des munitions de guerre. Quel encombrement sur les quais ! Quel désordre partout ! Il semblait qu'on n'eût rien prévu, rien préparé.

Cinquante-six ans après l'expédition d'Égypte, vingt-quatre ans après celle d'Alger, où des milliers de voiles avaient quitté la France, en bon ordre, sous l'escorte de formidables escadres, en arriver à ce point d'impuissance et de gâchis ! C'était à n'en pas croire ses yeux.

Très peu de trois mâts. La flotte à notre service se composait de bricks de deux à trois cents tonnes. Il n'y avait pas un seul bateau à vapeur. Le régiment fut embarqué par petites fractions. Le brick, qui nous échut, *I due Fratelli*, capitaine Casanova, portait pavillon génois. Il prit 24 hommes et 24 chevaux, commandés par mon officier, M. de Langle, et un sous-officier.

Les chevaux furent hissés à bord à bras d'hommes, et placés à fond de cale, 12 d'un côté et 12

1.

de l'autre, le corps soutenu par de larges sangles en toile attachées par en haut. A côté des chevaux on avait ménagé la place d'un lit de camp pour les cavaliers et les bagages. L'aération se faisait au moyen d'une unique manche à vent. L'officier et le sous-officier partageaient la cabine du capitaine. Le pont était encombré de balles de foin encerclées, et de tonneaux contenant notre provision d'eau.

L'embarquement terminé, on leva l'ancre pour céder la place à d'autres navires. Notre capitaine, ne trouvant pas le vent favorable, ne se souciait pas de partir; mais, il vint un commissaire de l'Intendance qui le contraignit de mettre à la voile.

Cette première navigation nous conduisit jusqu'au Frioul, à quelques kilomètres de Marseille, où notre capitaine s'empressa de relâcher.

En vertu de leur contrat avec l'Intendance, les navires étaient payés à raison de tant par jour; ils n'avaient donc aucun intérêt à se presser ; au contraire, plus la traversée se prolongeait, plus longtemps ils bénéficiaient d'un fret assuré.

Nous restâmes au Frioul deux jours, et y fussions restés davantage, si, de nouveau, l'autorité ne nous eût forcés de déguerpir. Cette fois, nous gagnâmes la haute mer, ayant mis le cap à l'ouest des îles de Corse et de Sardaigne. Bientôt la côte disparut : Adieu France !

Bien que la Méditerranée ne fût pas très houleuse, notre brick roulait et tanguait à plaisir. Hommes et chevaux eurent le mal de mer. Chez les animaux le malaise se traduit simplement par une diminution d'appétit. Il n'en est pas ainsi de l'homme, et l'on peut s'imaginer l'état de notre lit de camp à fond de cale. Les passagers qui, comme moi, n'étaient pas malades, durent, à tout risque, s'établir sur le pont.

Nous avions trois repas par jour. Le matin, du biscuit, une sardine et un quart de vin ; à

midi, une espèce de soupe et, le soir, une ra-
tatouille quelconque. On mangeait à la même
gamelle par escouades de huit. L'eau, rapidement corrompue, devint un breuvage infect;
mais, personne ne se plaignit, et n'eût voulu,
pour rien au monde, retourner à Marseille.

Cette partie du voyage fut égayée par une
découverte inattendue. Une de ces femmes,
que l'on trouve à la suite de toutes les armées,
s'était faufllée à bord, et blottie à fond de cale,
déguisée en dragon. Personne ne se doutait de
sa présence, excepté celui qui était de connivence
avec elle. Quand on la découvrit, on parla de la
jeter à la mer ; puis, de la débarquer au premier
port de relâche. Finalement, on la garda : elle
avait su se rendre utile, en lavant le linge. Autant que mes souvenirs sont fidèles, elle a fait
toute la campagne et a rapporté, en France, un
assez joli pécule.

Notre équipage, composé de huit hommes, ne
parlait que l'italien. Seul, le capitaine savait
assez de français pour entendre et se faire

comprendre. Le mousse mérite une mention spéciale. C'était un enfant d'une douzaine d'années, laid et grimacier à plaisir, avec un double râtelier de dents en saillie. L'équipage l'appelait *Dente* à cause de cette difformité. Au moral il était aussi disgracieux qu'au physique, espiègle et malin comme un singe.

Je me suis souvent demandé si notre *Dente* n'a pas servi de modèle à Victor Hugo pour la description de son *Homme qui rit*. Il y a des types qu'on n'invente pas.

Le temps, qui n'était pas consacré au soin des chevaux et aux repas, se passait, selon le goût de chacun, à jouer aux cartes, à lire des romans dépareillés, à conter des histoires et à sonder l'horizon. Une voile, au loin, attirait tout le monde sur le pont.

Un jour, nous vîmes devant nous comme un nuage cylindrique et perpendiculaire. Notre capitaine nous dit que c'était une trombe, et qu'il y aurait danger à se trouver dans son voisinage. Ce phénomène s'évanouit bientôt.

Une autre fois, quelque chose de noir parut au loin. La longue-vue du bord permit de distinguer une barque montée par quelques hommes. On mit le cap dans cette direction, s'attendant à recueillir des naufragés. En approchant, nous trouvâmes des matelots coupant avec des haches les lames de cuivre d'une carcasse de navire qui flottait la quille en l'air.

Ces hommes appartenaient à un grand trois-mâts napolitain qui courait des bordées en les attendant.

Il y avait huit jours que nous avions quitté Marseille, quand nous arrivâmes en vue de la côte occidentale de la Sardaigne. Sous prétexte de faire de l'eau, notre capitaine engagea le navire dans une espèce de golfe dont l'entrée était gardée par deux énormes rochers, connus sous le nom du *Taureau* et de la *Vache*. Dans l'intérieur de ce golfe, à gauche, se trouve le village de *Carlo-Forte*.

Après avoir jeté l'ancre assez loin du rivage,

on mit à la mer une grosse chaloupe, portant les tonneaux nécessaires au renouvellement de la provision d'eau. Je profitai de cette corvée pour prendre terre et reconnaître le pays, en compagnie d'un camarade.

Après avoir traversé le village, nous entrâmes en pleine campagne. Ce n'était plus l'Europe. Sous un soleil de feu, aussi loin que portait la vue, une végétation tropicale, des orangers et des palmiers gigantesques. Plusieurs chars à deux roues, montés sur des essieux en bois, attelés de buffles, se dirigeaient de l'intérieur vers la plage. Les conducteurs, habillés comme les paysans de la campagne romaine, étaient coiffés du bonnet phrygien. En revenant de cette excursion, nous entrâmes dans un cabaret où, pour quelque monnaie, nous eûmes un repas composé de poisson frais, de rôti de chèvre, de fromage et de fruits, arrosé de vin du cru. Nous revînmes à bord enchantés, rapportant de gros homards que nous avions payés six sous la pièce.

Le lendemain, les choses se passèrent moins bien. Voulant explorer le pays dans une autre direction, nous prîmes à gauche du village. Là, nous rencontrâmes un cimetière entouré d'une muraille dont la crête était couronnée de crânes et d'ossements humains. Chemin faisant, je trouvai par terre une tête de mort que le vent ou quelque accident avait fait tomber. Cette tête, provenant d'un jeune sujet, était parfaitement blanche et garnie de toutes ses dents. Je la ramassai, dans l'intention de l'emporter à bord, sans mauvaise pensée, simplement pour satisfaire une lubie de jeune homme. Mal m'en prit.

Quand nous revînmes à travers le village pour gagner la chaloupe, nous fûmes suivis par une troupe d'enfants qui s'accrut à chaque pas. Des hommes s'y joignirent; mais, comme nous ne comprenions pas leur langage et que leur attitude n'avait rien d'agressif, nous continuâmes notre chemin. Ce n'est qu'après notre embarquement que les hostilités commencèrent sous forme d'une grêle de pierres accompagnée de ce cri : *Cabo di morto !*

En dépit des matelots et de mes camarades, qui m'engageaient à rejeter le crâne sur le rivage, je mis d'abord un sot amour-propre à le conserver ; mais la mitraille arriva tellement drue qu'il fallut bien lâcher prise.

La provision d'eau renouvelée, nous levâmes l'ancre et reprîmes la haute mer. Pendant plusieurs jours, la navigation continua sans notable incident. Déjà nous comptions reconnaître les côtes de la Sicile, quand le temps changea tout à coup. La journée avait été très chaude. Vers le soir, l'horizon se couvrit devant nous d'un épais nuage chargé de sable. Derrière nous, le soleil sur son déclin augmenta son disque et prit une teinte couleur de sang. Impossible de s'y méprendre : une tempête venant d'Afrique se précipitait au-devant de nous.

Bientôt l'obscurité se fit et la mer grossit ses flots. Une musique stridente joua dans les cordages. A ce moment tous les passagers disparurent dans la cale. Le capitaine fit carguer une partie des voiles et virer de bord pour tourner l'arrière au vent. Voyant de l'inquiétude sur son visage, je lui demandai s'il y avait du danger. « Non, me dit-il, pourvu que le navire ne *caisse* pas (ne casse pas). Quand on vire de bord, le moment où l'on présente le flanc à la lame n'est jamais sans risque.

La manœuvre heureusement terminée, on replia toutes les voiles, et on laissa porter. Cependant, la mer grossissait toujours et nous roulions de plus en plus. On entendait les craquements du navire et les efforts des chevaux pour se maintenir en équilibre à fond de cale. Le poids de ces animaux, portant d'un seul côté, pouvait nous faire chavirer. Quand aux matelots, ils récitaient les litanies de la Vierge: « *Santa Madona!* » O jeunesse! Je n'eus pas la moindre peur; même j'avais jeté mon dévolu sur une cage à poules espérant, dans ma naïveté, qu'elle me servirait de planche de salut en cas de naufrage.

La tempête dura deux jours au bout desquels nous nous trouvâmes rejetés à la hauteur de Cagliari. Le capitaine jugea nécessaire de gagner le port pour reposer les chevaux, qui avaient beaucoup souffert, et réparer diverses avaries.

Le golfe de Cagliari a cinq ou six lieues de profondeur. Très large à l'entrée, il se rétrécit graduellement pour former une rade magnifique et très sûre. La ville compte une trentaine de mille habitants. Elle est bâtie en amphithéâtre. Dans la partie haute, une citadelle, un palais, une cathédrale ancienne, revêtue de marbre. Sur le port d'assez importantes maisons de commerce.

Nous trouvâmes à Cagliari deux bricks, portant des soldats de notre régiment, que la tempête avait également forcés au relâche. Chacun se mit en quête de ses connaissances. La population nous fit bon accueil. Une foule de visiteurs se succédèrent à bord, nous apportant du vin et des fruits.

Le surlendemain nous remîmes à la voile. Le vent soufflant grand largue, nous eûmes bientôt regagné le chemin perdu. Nous arrivâmes ainsi en vue de la Sicile, à proximité de Marsala. Le calme étant survenu, et nos voiles pendant inertes le long des mâts, le capitaine fit mettre à la mer une embarcation, où je fus admis.

Marsala, célèbre depuis 1860 par l'expédition de Garibaldi, était, en 1854, une ville de vingt mille âmes adonnée à l'exploitation de salines et au commerce des vins. Son caractère est essentiellement arabe comme son nom, qui veut dire *port de Dieu.*

Des tronçons d'aqueduc et d'autres restes de monuments rappellent l'occupation romaine. Après avoir visité la ville, goûté l'excellent vin du cru et fait l'achat de vivres frais, nous rentrâmes à bord. Vers le soir, une légère brise nous permit de continuer notre voyage.

Dès que nous eûmes contourné la Sicile, des navires de plus en plus nombreux furent constamment en vue. La flotte anglaise, venant du détroit de Gibraltar, se confondit avec la nôtre. A partir de ce moment, notre amour-propre national entra en souffrance. Au lieu de misérables bricks, ramassés sous tous pavillons, les Anglais avaient de superbes trois-mâts, jaugeant plus de mille tonnes, fins voiliers, qui nous dépassaient sans cesse. A mesure qu'ils arrivaient près de nous, matelots et soldats montaient dans les vergues et nous saluaient de leurs hurrahs. Quand il y avait une musique à bord elle jouait, en notre honneur, le *God save the Queen* et la *Marseillaise*. Nous ne savions trop que répondre. D'abord, chacun criait, en agitant sa calotte, ce qui lui passait par la tête : Vive la France! ou Vive l'empereur! Bientôt on s'entendit pour crier unanimement : Vive la France!

Le 20 mai, juste vingt jours après notre départ de Marseille, nous entrâmes dans le port de Malte. De loin, cette île offre l'aspect d'un rocher calcaire sans arbres ni verdure. A me-

sure qu'on s'en approche, on découvre un amoncellement de fortifications et de batteries dont
le formidable ensemble donne la plus haute idée
de son importance militaire.

Le port La Valette, qui nous reçut, était
rempli de navires chargés de troupes qui nous
saluèrent, comme en pleine mer, de leurs hurrahs. Dès que nous eûmes jeté l'ancre, notre
officier échangea des visites avec ses collègues
de la cavalerie anglaise. Les officiers anglais
arrivaient en grande tenue de service. Leur
superbe prestance et la richesse de leurs uniformes contrastaient avec notre tenue indigente
et sans goût.

En débarquant, j'appris la formation d'un
6ᵉ escadron dans chaque régiment de cavalerie
française. L'avancement, qui en résulta m'eût
fait maréchal-des-logis si j'étais resté aux cuirassiers. Mais je comptais sur l'avenir pour me
dédommager.

Nous restâmes deux jours à Malte. J'en profitai pour explorer la ville. L'église *San Gia-*

*vanni*, dont les dalles recouvrent beaucoup d'ossements français, signalés par des inscriptions funéraires, et l'Arsenal, contenant des armures curieuses et rares, méritent surtout l'attention. Les rues sont généralement en pente assez raide. Dans l'intérieur de la ville, elles sont fort tristes. Les mendiants se trouvaient alors en si grand nombre qu'ils semblaient composer le fond de la population.

Toute la vie était concentrée autour du port. L'Europe et l'Afrique y confondaient leurs types humains, leurs costumes et leurs langues.

Un bruit de fifres et de tambours nous attira vers une esplanade où nous trouvâmes la garnison anglaise sous les armes. C'était le gouverneur de l'île qui passait une revue en l'honneur du général Forey, commandant la 4e division de l'armée d'Orient. Malgré ses allures un peu mécaniques, l'infanterie anglaise força notre admiration par sa tenue correcte et sa fière attitude.

Nous reçûmes le meilleur accueil de nos alliés. Les Irlandais notamment se faisaient reconnaître, en répétant le mot *catholic*, et en traçant le signe de la croix. Toutes ces rencontres aboutissaient à des buvettes où l'*ale*, le *whisky* et le vin de Marsala coulaient à flots. Nos ivrognes ne s'étaient jamais trouvés à pareille fête. On dut en rapporter à bord, tandis que les habits rouges jonchaient les trottoirs.

Cependant, le consul de France avisa notre capitaine que des pirates grecs avaient attaqué plusieurs de nos détachements dans l'Archipel, et lui prescrivit de naviguer de conserve avec un autre navire. Nous apprîmes, en même temps, le départ du général Forey pour Athènes : sa division devant y tenir garnison pour contenir les sympathies des Grecs en faveur des Russes.

Nous quittâmes Malte le 22 mai, traînant à la remorque un brick chargé de soldats de notre régiment. Le vent étant favorable, nous arrivons bientôt, malgré cet embarras, en vue de Cerigo, l'ancienne Cythère, séjour de Vénus et des Grâces. Nos yeux cherchent en vain ses temples et ses autels. A partir de là, le nom de chaque île réveille un souvenir classique.

Depuis Homère, tant de poètes et d'écrivains ont célébré, sous les formes les plus diverses, les terres de la Grèce qu'il n'y aurait profit pour personne à y joindre mes impressions ; je tiens à noter pourtant que, même les hommes d'une faible érudition ne se peuvent défendre d'une sorte d'émotion sacrée, en traversant ces lieux chers aux divinités de l'Olympe, à la poésie, à l'histoire, où l'homme a conquis d'abord une perfection artistique et littéraire qui ne sera jamais dépassée.

Dès lors, nous eûmes constamment la terre en vue, et nous prîmes des précautions contre une attaque éventuelle des pirates grecs. Les fusils furent retirés de la cale, chargés et enfoncés avec les sabres dans les balles de fourrage arrimées sur le pont. On établit une garde régulière. La moindre embarcation à l'horizon nous faisait prendre les armes. Nos préparatifs héroïques, l'attitude de notre jeune officier dans un costume de fantaisie, le sabre à la main, le monocle à l'œil, amusaient beaucoup le lieutenant qui commandait à bord du brick remorqué. Mais nous n'eûmes pas à combattre.

Arrivés en vue de Zéa, le vent tomba. Des milliers de navires couvraient la mer, toutes voiles dehors, sans faire un mouvement.

Il y en avait autant que de voitures aux Champs-Élysées, un jour de courses. Pas un souffle d'air; pas une ride sur l'eau. Ce calme plat dura huit jours.

Aussi longtemps que le soleil se tenait à l'horizon, une chaleur accablante condamnait tout le monde au repos. Le soir, les tambours, les trompettes et les instruments de musique entraient en jeu, ainsi que la romance et les morceaux d'opéra. J'entends encore une très jolie voix soupirant un air qui commençait ainsi :

Au lieu de chanter, je rêve;
A ma mère, hélas ! si loin.

De temps à autre, un bateau à vapeur traversait notre flotte. C'était le Lloyd autrichien faisant le service de la poste à Syra, ou bien un courrier de Marseille transportant à Gallipoli des généraux avec leurs états-majors. Nos yeux chargés d'envie suivaient au loin leurs panaches de fumée.

Pour tromper l'ennui, comme j'étais bon nageur, je pris l'habitude de me jeter à la mer pour visiter les autres navires, malgré les représentations du capitaine qui craignait de me voir dévorer par un requin.

Un jour, ayant aperçu deux individus qui se baignaient le long d'une goëlette assez éloignée je m'avisai de les rejoindre. Ils ne m'attendirent pas et remontèrent sur le pont, où ils furent accueillis par un bras vigoureux qui leur administra une volée de coups de corde. Bien qu'il n'entrât pas dans mon esprit qu'on pût m'en faire autant, je mis quelque hésitation à m'avancer vers l'échelle. Alors, les soldats à bord me crièrent que c'était le capitaine qui avait châtié ses fils pour s'être baignés malgré sa défense. Cet homme était furieux. Pourtant il m'invita à me reposer et m'offrit un verre d'eau-de-vie.

Quand j'effectuai mon retour, en arrivant à quarante mètres environ de mon brick, mes camarades, qui m'attendaient accoudés sur le bastingage, s'agitèrent tout à coup, criant : des requins ! des requins ! Ces cris me donnèrent froid dans le dos. Rassemblant toutes mes forces, je tirai des brasses désespérées jusqu'à la corde qui remplaçait l'échelle. Monté sur le pont, je vis une troupe de marsouins s'ébattant au loin... Cette mauvaise plaisanterie suffit pour me dégoûter à jamais de la natation en pleine mer.

Enfin, le vent se leva, et l'innombrable flotte fit route à pleines voiles. Cette fois, ce fut pour ne plus s'arrêter.

Voici Tenedos ! Non loin, sur le continent asiatique, une plaine aride où se dressent quelques monticules : *campos ubi Troja fuit !* Les

Dardanelles ne sont pas loin. Le vent est toujours favorable. Bientôt nous défilons sous les
batteries qui s'entre-croisent à l'entrée, au-dessous des châteaux d'Europe et d'Asie. On aper-
çoit distinctement d'énormes canons établis à
fleur de terre; à côté, les fameux boulets de
marbre, débris de colonnes qui formaient l'orne-
ment des temples de l'antiquité.

Il faut s'arrêter pour remplir les formalités
d'usage. Un canot nous accoste, portant des
officiers habillés à l'européenne, coiffés du fez.
Le chef parle français, Il nous permet de continuer notre route. Alors, nous naviguons,
comme sur un fleuve, entre l'Europe et l'Asie.
Un Turc vêtu du costume oriental, turban en
tête, monté sur un petit âne, trottine le long
du rivage, ne se doutant pas de la curiosité
qu'il excite. Plus loin, d'autres Turcs, puis d'autres encore.

Cette ville aux nombreux minarets, à droite,
est Lampsaque où se trouve le tombeau d'Hé-
cube. Celle-ci, sur la gauche, que dominent un

2.

vieux fort génois et des moulins à vent, est
Gallipoli. On replie les voiles. On jette l'ancre.
Nous sommes au terme de la navigation.

C'est aujourd'hui le 5 juin 1854 ; il y a trente
cinq jours que nous avons quitté la France.

# II

## CAMPAGNE DE TURQUIE
### GALLIPOLI. — ANDRINOPLE. — VARNA. — BOURGAS.

Comme il n'y avait à Gallipoli ni quais, ni appontements pour débarquer nos chevaux, il fallut les descendre dans la mer avec un palan et les remorquer, l'un après l'autre, jusqu'au rivage, au moyen d'une chaloupe. Cette opération terminée, nous nous dirigeâmes vers le camp des Moulins situé au sommet de la côte.

En traversant la ville, l'extrême malpropreté des rues nous frappa d'abord. Partout des im-

mondices et des cadavres d'animaux en putré-
faction que se disputaient des chiens galeux.
Des portefaix en haillons se pouillaient au soleil sans nous payer la moindre attention.

En sortant de ce cloaque, un chemin abrupt
nous conduisit au camp où nous trouvâmes
l'état-major et une partie du régiment. Il y
avait là des troupes de toutes armes, le noyau
d'une armée.

C'est alors que se révéla notre ignorance des
choses de la guerre par suite de l'insuffisance
des exercices de garnison. Pour dresser les
tentes, entraver les chevaux aux piquets, faire
la cuisine en plein vent, nous étions aussi no-
vices que des hommes de recrue. Ce fut toute
une éducation nouvelle à faire. Les vivres de
campagne distribués pour plusieurs jours,
étaient dévorés en un ou deux repas. La solde,
plus élevée que sur le pied de paix, au lieu de
servir à l'amélioration de l'ordinaire, s'en allait
en frivolités. Les soldats non aguerris vivent
au jour le jour. Le tabac étant pour rien, tous

voulurent avoir des chibouques pour fumer à la turque et une calotte rouge qui leur donnait l'air d'enfants de chœur.

Quand la marmite était vide, on allait marauder des fèves dans les champs. La chaleur invitait à boire beaucoup d'eau. L'abus de l'eau joint à la diète intermittente, sema rapidement des germes de maladie.

Les troupes venant d'Algérie avec l'habitude de camper savaient se créer une existence relativement confortable. Les zouaves surtout formaient alors des régiments superbes, composés de vétérans barbus et bronzés par le soleil, portant deux ou trois chevrons. De tels hommes comparables aux légionnaires romains, ayant au front l'auréole d'une réputation légendaire, pouvaient seuls revêtir le costume de zouave, absolument incommode sous le climat d'Europe et prêtant trop à la caricature pour être endossé par des conscrits. La peau des lions ne sied qu'aux lions.

Je suis certainement redevable aux conseils

d'un vieux zouave de Gallipoli de la conservation de ma santé durant toute la campagne : « Un soldat, me disait-il, doit boire le moins possible et s'abstenir complètement d'eau pure. Tu verras tous les buveurs d'eau disparaître avant peu. C'est surtout en marche, quand les fontaines et les sources se renouvellent avec des compositions chimiques différentes qu'il faut se garder de l'eau, à moins de la faire bouillir avec du café ou de la couper avec de l'eau-de-vie. Le mieux est de remplacer le bidon par une peau de bouc d'un orifice étroit. Ainsi l'on peut boire à la régalade et quelques gouttes de liquide suffisent pour apaiser la soif. »

La division de cavalerie avait pour commandant le général Morris. Le 7º Dragons devait former avec nous la brigade du duc d'Elchingen ; mais, comme il était en retard, nous fûmes placés avec le 6ª Cuirassiers, sous les ordres du général Cassaignoles.

On n'attendit pas que tous les détachements

en mer nous eussent rejoints pour nous diriger sur Andrinople, en contournant le golfe de Saros. Déjà la division Bosquet nous avait précédés sur cette route. La première, aux ordres de Canrobert, avait été directement embarquée pour Varna. Celle du prince Napoléon, la troisième, s'était rendue de Gallipoli à Constantinople par terre. La quatrième, aux ordres du général Forey, occupait Athènes, comme je l'ai dit ailleurs, pour faire la police des Grecs.

L'histoire permet d'affirmer que, dès l'origine, la campagne d'Orient fut mal conçue et mal dirigée. Le choix de Gallipoli, comme base d'opérations, convenait à une guerre défensive. Pour une guerre offensive, seule digne des armées alliées, Varna offrait l'avantage de se trouver à proximité des Russes, qui pressaient alors le siège de Silistrie. Arriver à Varna un mois plus tôt, c'était empêcher l'ennemi de se reconnaître et précipiter le dénouement de la guerre, en coupant court aux tergiversations de l'Autriche. On peut dire avec certitude que jamais le vainqueur de Marengo et d'Austerlitz n'eût débarqué à Gallipoli une armée devant opérer sur le Danube.

Quoi qu'il en soit, nous nous mîmes en route le 12 juin à destination d'Andrinople. Point de routes ; des fondrières que l'on quittait pour marcher à travers champs. La chaleur était suffocante et nous avancions dans un nuage de poussière. A chaque instant, les dragons descendaient de cheval pour recueillir des tortues de terre, très nombreuses en ces parages.

Il ne semblait pas que l'on fût en Europe. Les plaines sablonneuses et brûlantes que nous traversions ressemblaient aux déserts de l'Afrique et de l'Asie. De longues files de chameaux, précédées d'un âne avec une sonnette au cou, monté par un nègre chantant un air monotone, complétaient l'illusion.

De distance en distance, on rencontrait des fontaines en marbre, chargées d'inscriptions, monuments élevés par la piété musulmane pour apaiser la soif des voyageurs et faciliter les ablutions prescrites par le Coran. C'est en vain que l'on plaçait des factionnaires aux abords de ces fontaines; une foule altérée les envahissait aussitôt. C'était à qui remplirait son bidon ou s'abreuverait dans les auges.

Les noms des gîtes d'étape sont sortis de ma mémoire. C'étaient d'ailleurs de simples hameaux, où l'on avait réuni des approvisionnements pour les hommes et pour les chevaux. Nous campions toujours à proximité d'une rivière.

Durant cette marche, je me rappelai souvent une observation du maréchal de Saxe dans ses *Rêveries militaires*. Je cite de mémoire : « On peut juger une troupe d'après l'état où elle laisse son bivouac. Quand le sol est jonché d'effets et d'ustensiles de toutes sortes, ne craignez pas de l'attaquer, si nombreuse qu'elle soit. Défiez-vous d'une troupe, même inférieure à la vôtre, lorsque nul objet abandonné ne trahit son passage. »

A ce point de vue, nous étions de bien mauvaises troupes, au début de la campagne. On eût chargé des fourgons avec les sacs de riz, les entraves, les gamelles et les loques de toute nature que nous abandonnions dans nos bivouacs.

Tel n'était point le cas des régiments d'Afrique, et il nous fallut longtemps pour rivaliser avec eux dans l'art de camper. En revanche, les verbes s'*absinther*, *chaparder* et *bouscariner*, trois néologismes qui expriment trois vices africains, n'avaient pas cours chez nous. Ce n'est pas la discipline qui nous manquait, mais l'expérience. Elle finit par imposer ses leçons; alors, nous n'eûmes plus rien à envier à personne.

A la troisième journée de marche, j'eus une altercation avec un camarade. Il s'en suivit un duel où j'eus l'avant-bras traversé. Cette blessure fut longue à se cicatriser à cause de la chaleur et de la poussière. Chaque fois que je le pouvais, je la soumettais à des irrigations d'eau fraîche. J'ai eu plusieurs fois l'occasion de constater qu'à défaut d'un traitement régulier, l'eau exerce une action très salutaire sur les plaies.

En me rappelant mon embarras dans cette circonstance, je me demande comment personne ne songe encore à munir chaque soldat des objets nécessaires au premier pansement d'une blessure. Beaucoup d'hommes périssent sur les champs de bataille faute de soins immédiats. Pour arrêter l'écoulement du sang, un blessé n'a d'autre ressource que d'arracher un pan de sa chemise, et si la chemise est sale, comme c'est le cas probable, elle ne peut qu'envenimer la plaie. Un peu de charpie et quelques bandes de toile, à portée de la main, peuvent sauver la vie d'un homme.

Puisque j'ai soulevé cette question, j'ajouterai qu'un cours d'hygiène devrait faire partie du programme des écoles militaires. Il enseignerait notamment aux futurs chefs d'armée que l'assiette d'un camp ne doit pas être absolument subordonnée au voisinage immédiat des cours d'eau. Trop souvent, il s'en dégage des miasmes que l'on retrouve plus tard sous forme de maladies épidémiques.

Aucun incident notable ne vint rompre la monotonie de notre marche vers Andrinople. Deux ou trois fois seulement nous aperçûmes, sur les tertres bordant la route, des groupes de femmes turques assistant immobiles et silencieuses à notre passage. Cachées derrière leurs voiles blancs, qui les enveloppaient de la tête aux pieds comme des linceuls, elles ressemblaient à des fantômes échappés d'un cimetière voisin. Pour leur faire honneur, les musiques de nos régiments entonnaient une joyeuse fanfare. Alors, une légère agitation dans les groupes trahissait le plaisir causé par cet acte de galanterie française.

La ville d'Andrinople s'annonce au loin par la magnificence de son site et le relief de ses monuments. La mosquée de Sélim, qui domine toutes les autres, est peut-être l'œuvre capitale de l'architecture musulmane. On remarque également la citadelle, un aqueduc et le pont de la Toudja.

Pour rejoindre notre camp nous traversâmes diagonalement toute la ville, qui est fort étendue. Elle comptait, en 1854, au moins cent quarante mille âmes. Toute la population était sur pied pour nous voir passer, obstruant la rue au point de nous forcer à de fréquents arrêts. Rien de plus pittoresque que ce fleuve humain où tous les types et tous les costumes orientaux se trouvaient confondus.

Nous arrivâmes fort tard dans une presqu'île de la Marizza, ombragée d'arbres séculaires, où nous établîmes notre bivouac, sur l'emplacement occupé par les Russes en 1829.

Je me souviens de ce lieu comme d'un véritable paradis. A peine installés, nous reçûmes la visite de troupes de marchands nous offrant toutes sortes de denrées à des prix dérisoires. L'*oke* de vin (1,200 gr.) se vendait deux sous; une poule, six sous; une oie, vingt sous; une dinde, trente sous; un mouton, quatre francs. Pour deux sous, on avait une glace panachée aussi bonne que chez Tortoni. Les fruits étaient pour rien.

Les aptitudes culinaires s'étant développées. par l'exercice, la vie se passait à faire bombance. Le soir, les musiques donnaient des concerts et, pour couronner la fête, comme c'était au mois de Ramadan, les cinquante mosquées d'Andrinople nous offraient, durant la nuit, le spectacle féerique de leurs coupoles et de leurs minarets illuminés.

Quelques jours après notre arrivée au camp de la Marizza, le gouverneur d'Andrinople nous passa en revue monté sur un âne. Des domestiques le soutenaient de chaque côté. D'autres marchaient derrière, portant un parasol, des pipes, tout un attirail. Cette apparition grotesque fut un régal pour l'esprit gouailleur du soldat. Le personnage, sans se douter de l'effet produit, inspecta nos rangs avec une gravité tout orientale.

Les soldats turcs, en garnison à Andrinople, étaient vêtus d'uniformes en loques et chaussés de savates. Des cavaliers se servaient de ficelles en guise de sous-pieds.

Il ne faut point juger les Turcs sur l'apparence, oubliant que les va-nu-pieds de l'armée du Rhin et de la première campagne d'Italie s'étaient montrés supérieurs aux meilleures armées de l'Europe.

Malgré leur dénûment, les Turcs avaient remporté, l'année précédente, la victoire d'Olnitza sur les Russes; en ce moment même (24 juin) ils forçaient le maréchal Paskewitsh à lever le siège de Silistrie.

Nulle race d'hommes ne gagne plus à être approfondie. A défaut de talent, ils ont le caractère; à défaut de la science, la foi. Ce sont là véritablement les grands leviers de la machine humaine.

Pour rendre justice aux Turcs, il faut les comparer aux autres peuples de l'Orient. Tandis que tout le monde nous rançonnait sans scrupules, eux seuls nous vendaient honnêtement. Ni falsifications, ni faux poids. Inutile de marchander avec eux : c'est tant, à prendre ou à laisser. Quand la balance est en équilibre, nulle insistance ne la ferait pencher au profit de l'acheteur.

A l'heure où les Muezzins, du haut des minarets, appellent les fidèles à la prière, tout commerce est suspendu. Le marchand fait ses ablutions à la fontaine voisine et vient se prosterner, sans fausse honte, sur une natte ou un tapis.

Dans les quartiers turcs, les magasins les plus riches étaient alors fermés, pour la nuit, au moyen d'une simple cheville en bois. En tout autre pays, c'eût été les exposer au pillage. Aujourd'hui, les Turcs s'abritent également derrière les serrures et les verrous en fer; ainsi l'exige la civilisation.

Une autre observation frappait le soldat. Il y avait alors dans les rues des milliers de chiens errants. Bien que ces animaux soient considérés par les musulmans comme impurs, pour des raisons difficiles à expliquer, mais dont on trouve la trace dans la Bible, personne ne leur fait de mal. Piétons et cavaliers se détournent pour ne pas troubler leur repos. Les bouchers leur distribuent de la viande, croyant faire œuvre pie, comme si cette charité s'adressait à des hommes. La même sollicitude s'étend sur tous les animaux. On la trouve jusque dans les cimetières, où les pierres tombales, qui sont généralement en marbre, ont toutes une cavité pour recueillir l'eau de pluie à l'intention des oiseaux. De pareilles coutumes se rattachent nécessairement à un état moral supérieur.

C'est ainsi que nous passions le temps laissé libre par le service à voir des choses nouvelles pour nous.

En revenant de parcourir la ville ou de flâner au bazar, on allait se baigner dans la Marizza. Un jour, en arrivant à ma place favorite, je vis un grand remue-ménage d'hommes, plongeant tour à tour à la recherche d'un chasseur d'Afrique qui avait disparu sous l'eau. Je fis comme tout le monde. Le corps fut retrouvé plus loin et ramené sur la berge, où l'on tenta vainement de le rappeler à la vie.

Le visage de ce noyé me frappa comme celui d'une vieille connaissance. Un tatouage sur son bras m'intrigua surtout. Certainement, j'avais rencontré cet homme quelque part. Son nom ayant été prononcé, je reconnus un ancien cuirassier du 10e régiment avec qui je m'étais autrefois battu en duel. Il avait passé en Afrique depuis deux ou trois ans. Sa barbe, qu'il ne portait pas en France, et l'altération des traits, par suite de la mort, m'avaient empêché de le reconnaître à première vue.

Sur ces entrefaites, je regagnai les galons de brigadier que j'avais rendus pour faire campagne. Je n'avais pas à me plaindre. C'était la première vacance qui se produisait au régiment. Mais je dus changer d'escadron et quitter des camarades et des chefs auxquels j'étais attaché.

Mon nouvel escadron, le quatrième, était

commandé par le capitaine Raabe, dont le nom faisait autorité dans la cavalerie française, en matière d'équitation. C'était un homme de haute taille, se rattachant au type du capitaine routier du moyen âge. Gœthe eût choisi sa tête sarcastique pour incarner au théâtre son Méphistophélès. Avec des qualités militaires de premier ordre, il avait des singularités de conduite, une sorte de farouche misanthropie et une langue à l'emporte-pièce qui nuisirent à sa carrière. Au début de la campagne, il couchait à la belle étoile, disant que la tente était un luxe indigne des soldats. Un trait achèvera de le dépeindre.

Étant au 6e lanciers, en garnison à Commercy, un de ses camarades amena dîner, à la pension des officiers, son père, homme de modeste condition, vêtu sans nulle élégance. Le capitaine Raabe, jugeant qu'on n'avait pas fait à cet hôte un accueil convenable, en fit la remarque, ajoutant que si le bourreau de Commercy se fût présenté en habit, il eût trouvé meilleur visage. Les officiers se récriant, il ne répondit mot; mais peu de temps après il vint à table avec un invité dont la tenue était d'une irréprochable correction. Ce fut à qui prodiguerait ses attentions à l'inconnu. A la fin du repas le capitaine Raabe, élevant son verre, porta un toast : « Au bourreau de Commercy! »

Cette incartade eut, entre autres conséquences, sa mise en retrait d'emploi et son passage au 6ᵉ dragons lors de son rappel en activité.

J'ai tracé le portrait du capitaine Raabe, parce que les hommes d'un caractère original sont rares. Au commencement nos relations furent assez tendues; mais, comme j'avais la passion du cheval, il finit par s'intéresser à moi. C'est lui qui me disait un jour : « Un homme de quarante ans, qui n'est pas misanthrope, n'a jamais été qu'un imbécile. » Il avait ainsi toutes sortes d'aphorismes que ma jeunesse admettait comme paroles d'Évangile. Aujourd'hui, je pense plutôt qu'une souveraine indulgence est le dernier terme de la sagesse.

Nous étions à Andrinople depuis une quinzaine de jours lorsque nous reçûmes l'ordre de marcher sur Varna, à travers les Balkans. En certains endroits, la route était tellement accidentée qu'il fallut l'aplanir pour le passage des convois de bagage. Ces convois étaient formés d'une longue file d'*arabas*, sorte de voitures à quatre roues, montées sur des essieux de bois dont les grincements s'entendaient au loin. Une paire de bœufs ou de buffles, sous la conduite d'un paysan bulgare, traînaient ces voitures qui ne portaient presque rien et mettaient dix ou douze heures à faire quatre ou cinq lieues. Rien n'était plus fastidieux que de les escorter. Les dragons, chargés de cette corvée, s'amusaient à chasser le long du chemin. Le gibier abondait, surtout le sanglier. On en abattit deux notamment, dont un aveugle qui suivait le premier en le tenant par la queue; ce qui fit dire à un plaisant qu'on venait de tuer Œdipe et Antigone.

Depuis notre arrivée en Turquie, il n'était

pas tombé une goutte d'eau. Excepté quand nous marchions sous bois, nous étions accablés par la chaleur. En revanche, les nuits étaient fraîches dans les Balkans. Pour se garantir contre l'humidité et chasser les moustiques, on allumait de grands feux où l'on entassait des arbres entiers avec leurs branches et leurs feuilles. La flamme de ces bûchers éclairait nos bivouacs comme en plein jour.

Le sol des Balkans est généralement granitique. Pourtant on rencontre de beaux vallons, bien cultivés et parsemés de villages, entourés de haies d'épines et de palissades qui leur donnent l'apparence de camps fortifiés.

Entre Andrinople et Varna, la seule localité digne de mention est Aïdos, gros bourg où j'ai vu des grappes de raisin rappelant celles de la *Terre-Promise* que deux hommes portaient suspendues à un bâton.

C'est là que se manifesta dans notre régiment le premier cas de suicide. Plus tard, nous en arrivâmes à ne plus les compter.

Tout à coup, à la sortie des Balkans, au fond d'une petite baie sur la mer Noire, Varna nous apparut avec ses minarets, son enceinte bastionnée et ses ouvrages avancés. Vers l'intérieur s'étend une plaine onduleuse, dominée par des collines boisées. Un lac d'une assez vaste étendue, alimenté par une petite rivière qui porte le nom de la ville, se trouve à quelque distance, du côté d'Andrinople.

Nous allâmes camper à quatre kilomètres de Varna, sur l'emplacement d'une bataille célèbre où le sultan Amurat tua de sa propre main Ladislas, roi de Hongrie. Une partie de l'armée alliée était réunie dans la plaine et sur les hauteurs de Franca. L'ensemble de ces forces représentait plus de 70 mille hommes.

Pour aller de notre camp à Varna, il fallait traverser celui des Bachi-Bozouks qui formaient six régiments à la solde de la France, sous le commandement du général Yousouf, dont le nom est lié à la conquête de l'Algérie. Les Anglais entretenaient également quatre mille de ces hommes; mais ils avaient dû les licencier à la suite d'une révolte qui coûta la vie au général commandant et dont la compression exigea l'emploi de la mitraille.

Ces Bachi-Bozouks étaient un ramassis de cavaliers venus des plus lointains territoires de l'Islam à l'appel de la guerre sainte. Tous les types humains, tous les costumes, toutes les armes de l'Orient figuraient dans cette cohue. C'est ainsi que l'imagination se représente les hordes que traînaient à leur suite les Gengis-Khan et les Tamerlan.

Beaucoup de ces hommes avaient des blessures non cicatrisées, dont ils semblaient ne tenir aucun compte. On leur avait constitué des cadres français avec des officiers tirés en grande partie de la demi-solde et des sous-officiers pris dans nos régiments; mais leur indiscipline défia toutes les tentatives d'organisation, et l'on finit par les licencier après l'expédition de la Dobrutscha. En traversant leur camp, j'eus l'occasion de rencontrer un personnage, revêtu d'un uniforme de fantaisie, occupé à peindre des groupes de cavaliers : c'était Horace Vernet.

A Varna je vis pour la première fois les *Highlanders* écossais, troupe superbe par le choix des hommes, le pittoresque de la tenue et la sévérité de la discipline. En général, les régiments anglais, marchant en corps au son des fifres, des tambours et des cornemuses, n'affectent jamais les allures débraillées que l'on remarque ailleurs. Toujours ils défilent comme à la parade. Les soldats isolés, au contraire, sont souvent en état d'ivresse.

Les troupes anglaises étaient beaucoup mieux payées et nourries que nous. Elles traînaient à leur suite une légion de femmes pour faire leur cuisine et laver leur linge. Bientôt le choléra les débarrassa de ce luxe.

Les officiers anglais se distinguent de leurs soldats, moins par leurs épaulettes et leurs galons que par une véritable supériorité naturelle. Ce sont les étalons du troupeau. Presque tous sont des *gentlemen* imposant à leurs subordonnés par leur caractère moral et leur sang-froid dans les plus graves circonstances. C'est à tort que l'on attribue au tempérament national la résistance au feu des troupes anglaises. Le vulgaire est le même partout. Sa valeur relative tient uniquement à la qualité de ses chefs. Les soldats ne quittent leurs rangs pour courir en avant ou en arrière qu'à l'exemple des officiers ou quand les officiers sont tués.

Les relations entre les cadres des armées alliées étaient courtoises et cordiales, sans être intimes. Les soldats seuls fraternisaient dans les cantines à coups d'absinthe ou de cognac.

Quelque temps après notre arrivée, le maréchal de Saint-Arnaud nous passa en revue dans la plaine. Plusieurs chefs circassiens figuraient dans son état-major. C'étaient des émissaires de Chamyl qui réclamaient l'envoi d'un corps de troupes dans le Caucase; mais le maréchal avait d'autres vues qui se manifestèrent plus tard,

Une partie de l'armée turque du Danube se rabattit sur Varna et vint camper à proximité du lac qui servait d'abreuvoir à nos chevaux.

Cinq fois par jour, les bords de ce lac étaient couverts de soldats turcs faisant leurs ablutions. Après avoir lavé leurs mains, leurs pieds et leurs figures, ils se prosternaient dans la direction de la Mecque. Les officiers priaient devant leurs sabres nus plantés dans le sol. A l'appel du soir les musiques turques jouaient des airs doux et tristes, suivis d'un cri, général où dominait le nom d'Allah. Ce cri s'éteignant dans le silence de la nuit, répandait sur nos bivouacs une impression de grandeur et de solennité.

Cependant le temps s'écoulait et l'ennui, le pire des fléaux, pour les armées en campagne, car il engendre tous les autres, commençait à nous ronger. Plus de quarante jours après notre débarquement, personne ne savait encore à quoi l'on nous destinait. Pour nous défendre contre la chaleur, nous avions élevé des *gourbis*, sortes de huttes de branchages ; mais ces abris étaient inefficaces contre les mousti-ques et l'humidité des nuits.

Le choléra qui déjà sévissait à Constantino-ple et à Gallipoli, où il avait moissonné notre général de brigade, le duc d'Elchingen, qui dé-cimait les Russes sur le Danube, fit son appa-rition à Varna. Avant de venir à nous, il s'a-battit sur un régiment anglais, notre voisin. L'emplacement où je vis creuser la première fosse présenta quelques jours après l'aspect d'un cimetière. Les honneurs militaires ne fu-rent rendus qu'une seule fois.

Il en fut de même chez nous. Pendant une quinzaine, les hommes bien portants suffirent à peine au transport des malades à l'ambulance et à l'enterrement des morts. Pour mon compte, il m'arriva de faire en conduite de cholériques jusqu'à trois fois, dans la même journée, le trajet de notre camp aux ambulances situées sur les hauteurs de Franca

Nos chevaux ressentirent le contre-coup de

l'épidémie. Plus de pansage : c'est à peine si l'on parvenait à les faire boire tous.

Il y eut des cas foudroyants. A chaque instant on apprenait la mort d'un camarade que l'on venait de quitter.

J'ai surtout conservé le souvenir d'une nuit véritablement terrible. Mon maréchal des logis-chef, qui souffrait de la poitrine et à qui le docteur avait prescrit l'application de sangsues, me pria d'en aller chercher à Varna.

C'était un rude service à rendre, après une journée de fatigues, dans les circonstances où nous nous trouvions. J'avoue que j'hésitai d'abord à entreprendre huit kilomètres aller et retour ; d'autant que le personnage m'était peu sympathique. Enfin, je me décidai à seller mon cheval et à faire la course grand train. En revenant : « Ce n'est pas tout, me dit-il, il faudrait me poser ces sangsues ? » Malgré mon inexpérience en pareille matière, je m'acquittai de la corvée. « Maintenant, ajouta-t-il, il ne me manque qu'une pilule pour m'endormir. »

En me rendant à la tente qui servait d'ambulance régimentaire, je rencontrai le docteur couvert d'un caban blanc à capuchon et fumant un chibouque. Sur ses ordres, le brigadier infirmier me remit un narcotique.

Quand je fus libre, je retournai dans ma tente, où je trouvai deux hommes râlant abandonnés. Les autres s'étaient couchés en plein air pour n'avoir pas à porter secours. De fait tout le monde était sur les dents et l'égoïsme féroce commençait à prévaloir.

M'étant mis à la recherche de mes déserteurs, je parvins à mettre la main sur l'un d'eux qui ronflait aux étoiles. Il se refusa formellement à venir frictionner ses camarades. « C'est bon, lui dis-je, lorsque votre tour viendra, je vous laisserai crever comme un chien. » J'ajoute de suite qu'il s'en tira pour cette fois, mais que six mois plus tard, en Crimée, le choléra, qui nous suivit pendant toute la campagne, lui régla son compte.

Quand je revins à la tente, les deux hommes

que j'y avais laissés respiraient encore, mais ils
ne se plaignaient plus. Ne voulant pas coucher
là, je grimpai sur des balles de fourrage amon-
celées entre les rangs des chevaux. J'essayai
de dormir, mais ce fut en vain. Des camarades
me rejoignirent et nous nous mîmes à causer.

Tout à coup, j'entends la voix du capitaine
Raabe qui, m'ayant reconnu, m'appelait par
mon nom. « Ne restez pas dehors, me dit-il,
mauvaise nuit : le docteur et son brigadier
viennent de mourir. » Cette nouvelle, succédant
aux scènes précédentes, me consterna ; mais, la
réaction se fit vite ; j'en étais arrivé à ce point
où l'homme s'abandonne à la destinée.

Je traversai cette crise sans la moindre indisposition, grâce à l'abstention complète de l'eau.
Ce liquide me faisait horreur depuis que j'avais
vu disparaître, selon la prédiction de mon
vieil Africain de Gallipoli, tous ceux qui, le
long des routes, s'étaient distingués à l'assaut
des fontaines.

Le café, chaud ou froid, me tenait lieu d'unique boisson. A part ses autres vertus, le café, en excitant les nerfs, contribue à l'entretien du courage moral, première condition de résistance aux maladies. Ne pas vouloir mourir, ne pas s'imaginer que l'on puisse mourir : il n'est point de meilleur préservatif contre la mort.

Au commencement de l'épidémie, les divisions d'infanterie et les Bachi-Bozouks reçurent l'ordre de marcher vers la Dobrutscha. Ainsi que nous l'apprîmes plus tard, il ne s'agissait point d'une opération de grande guerre, mais d'une sorte de razzia d'Afrique.

Le maréchal, ayant eu connaissance que des troupes russes s'étaient aventurées aux environs de Babadagh, avait cru possible de les enlever par un coup de main. « Tâchez de me souffler tout cela, si vous pouvez, avait-il écrit au général Espinasse ; ce serait un bon coup. »

Cette expédition n'aboutit à rien. Les Bachi-Bouzouks seuls eurent un engagement, mais ils lâchèrent pied. Le capitaine du Preuil, qui conduisait l'avant-garde, reçut neuf coups de lance. Les Francais, qui volèrent à son secours, périrent presque tous.

Le choléra s'étant déchaîné avec une extrême violence, il fallut se rabattre sur Varna. Cette retraite fut un désastre. Les hommes tombaient comme des mouches. A la fin, les vivants ne suffirent plus à l'enterrement des morts. Les cadavres à peine couveits devinrent la proie des chiens et des oiseaux. Notre régiment perdit là cinq hommes sur sept, dont un officier qui faisait partie des cadres des Bachi-Bozouks. La division Canrobert fut surtout éprouvée.

J'eus occasion de voir, le 7 août, la rentrée d'une batterie sur les hauteurs de Franca. M'étant mis à la recherche d'un cousin qui servait dans l'artillerie, je le trouvai, conduisant une pièce à lui tout seul. Un servant se tenait sur le caisson d'avant-train. Le reste était à l'avenant. La réduction des effectifs et l'apparente démoralisation des survivants offraient un spectacle lamentable. Je ne crois pas que la France ait jamais connu. l'étendue des pertes infligées à son armée par le choléra de Varna.

Vers la fin de l'épidémie, notre colonel fit sonner les quatre appels et forma le régiment en cercle autour de lui. Comme je l'ai dit, en commençant, M. Robinet de Plas était un chef très paternel, aimé de ses soldats. Il voulut nous haranguer, mais, en voyant notre petit nombre, l'émotion lui coupa la parole.

Combien avions-nous perdu d'hommes du choléra ? Je n'ai jamais pu le savoir. Quand, deux mois plus tard, à la veille de notre embarquement pour la Crimée, à Bourgas, le général Cassaignoles nous passa en revue, il nous parla en ces termes : « Dragons ! après six mois de bivouac et une cruelle épidémie, vous êtes encore 450 sabres..... » Or, nous étions 650 en quittant la France, y compris les officiers !

Après le choléra, l'incendie de Varna. Le 10 août, j'avais pris la garde chez le général Morris qui commandait notre division. Ses tentes occupaient une éminence d'où la vue s'étendait à travers la plaine, jusqu'à la mer. Après son dîner, le général vint s'asseoir en plein air, avec son chef d'état-major, le colonel Pajol, et ses deux officiers d'ordonnance, les capitaines Brice et Thornton. Ce dernier avait été mon officier de cours à Saumur. Mon nom avait figuré, au bas du sien, dans un ordre du jour du général de Goyon, à propos d'un incendie qui avait dévoré les magasins à fourrage de l'Ecole.

Tout à coup une colonne de fumée s'éleva au-dessus de Varna. On crut d'abord qu'elle provenait d'un bateau à vapeur; mais l'illusion fut de courte durée. En un clin d'œil, mille serpents de feu s'élancèrent vers le ciel, annonçant une conflagration capable d'embraser la ville entière.

Sur l'ordre du général, le capitaine Thornton sauta sur son cheval et partit à fond de train vers la ville en quête d'informations. Quand il revint, l'incendie avait pris d'énormes proportions. Il dura toute la nuit.

La cavalerie n'eut pas à se déranger : l'infanterie étant plus que suffisante pour combattre le sinistre. Un tiers de la ville, des magasins contenant des approvisionnements immenses furent la proie des flammes. L'héroïsme des soldats parvint à sauver le parc d'artillerie de réserve et à détourner le feu des poudrières dont l'explosion eût fait sauter la place et une partie de l'armée accourue à son secours. Comme il arrive, lorsque l'imprévoyance gouverne, l'incendie donna libre carrière à tous les excès. Des magasins furent pillés, des tonneaux défoncés, une immense orgie accompagna de ses clameurs les crépitations de la flamme et le bruit des minarets croulants.

Le surlendemain, on trouvait encore des cadavres d'ivrognes étendus au milieu de ruisseaux de vin. Un ordre du jour du maréchal de Saint-Arnaud annonça à l'armée que le lieutenant Kléber, de la légion étrangère, subirait je ne sais plus quelle peine pour avoir paru, sur le théâtre de l'incendie, en état d'ivresse. Le nom illustre du délinquant m'a fait garder ce détail dans ma mémoire.

Le bruit courut alors que des émissaires russes étaient responsables de l'incendie de Varna ; mais il n'est point à ma connaissance que l'accusation ait été prouvée. Ce sinistre, ainsi que les explosions de parcs d'artillerie et de poudrières qui se sont renouvelées en Crimée, doivent être imputés, avant tout, à l'impéritie du commandement. Toujours on s'est trouvé surpris par des événements que la moindre prudence pouvait conjurer. L'habitude des razzias d'Afrique avait depuis longtemps effacé toutes les traditions de la grande guerre et relégué dans l'oubli les plus sages règlements.

Le 15 août, jour de la fête de Napoléon III, mon escadron fut commandé pour assister à la messe militaire. Toutes les troupes réunies autour d'un autel de campagne étaient sous les ordres du général de Lourmel, qui fut tué, deux mois après, le jour de la bataille d'Inkermann. Pendant cette messe, j'eus l'occasion d'observer de près le maréchal de Saint-Arnaud. Il arriva suivi d'un nombreux état-major et d'un peloton de spahis, se plaça près de l'autel sans descendre de cheval et suivit l'office avec recueillement.

Autant le général de Lourmel était exubérant de force et de santé, autant le maréchal semblait abattu. Peut-être avait-il déjà le germe de la maladie qui devait l'emporter au lendemain de l'Alma. Sa figure osseuse et sa manière de porter la moustache lui donnaient une fausse ressemblance avec le cardinal de Richelieu, tel qu'on le représente vers les derniers temps de sa vie, avec moins de sérieux dans les traits, d'assurance et de profondeur dans le regard.

On disait alors qu'en apprenant la levée du siège de Silistrie et la retraite des Russes au delà du Danube, il avait poussé cette exclamation : « Paskewitch me vole en se sauvant ». Si cette parole était vraie, elle serait plus caractéristique d'un sous-lieutenant que d'un maréchal de France. La fortune est à qui la violente, non à celui qui attend son bon plaisir. Choisir comme base d'opérations, au début de la campagne, Gallipoli, situé à 150 lieues de l'armée russe, n'était pas le moyen de frapper un grand coup. L'histoire a raconté depuis que Sébastopol avait été l'objectif personnel du maréchal, dès le premier jour de son arrivée en Turquie, en dépit de tous les efforts d'Omer-Pacha pour l'attirer sur le Danube.

A partir du 15 août, je n'ai plus revu notre commandant en chef.

Quelque temps auparavant, dans une course à Varna, je me trouvai face à face, au détour d'une rue, avec un tout jeune officier général. Un coup de vent lui enleva son képi que je ramassai et que je lui tendis en m'approchant de son cheval. Je reconnus le prince Napoléon. Il commandait la troisième division d'infanterie.

Vers la fin d'août, la nouvelle se répandit que l'armée réunie sous Varna allait porter la guerre en Russie. Bien que le point même où devait s'opérer le débarquement fût tenu secret, le soldat comprit d'instinct qu'il ne pouvait être question que de prendre à revers l'armée russe du Danube ou d'attaquer Sébastopol. Le doute disparut quand on sut que la cavalerie ne ferait pas partie de l'expédition. Pour s'emparer d'un port de mer et d'une flotte, on pouvait à la rigueur se passer de cavalerie; mais personne n'admit qu'on tentât de faire la guerre, sans le secours de cette arme, dans un pays plat comme la Bessarabie ou la Russie méridionale.

En nous laissant en Turquie, on commit deux fautes : la première, de dévoiler le but précis de la campagne; la seconde, de s'exposer au regret de livrer une bataille stérile comme celle de l'Alma, où le manque de cavalerie empêcha la destruction de l'armée du prince Mentschikoff et la prise de Sébastopol presque sans coup férir.

Peut-être les moyens manquaient-ils pour transporter nos chevaux. La marine avait reçu à son tour la visite du choléra. Ses équipages réduits pouvaient à peine suffire à l'effort qu'on réclamait d'elle, au moment où la saison favorable à la navigation sur la mer Noire touchait à sa fin.

Pendant les derniers jours qui précédèrent l'embarquement des troupes, la ville de Varna était encombrée d'officiers et de soldats en quête de provisions. Les marchands dont les magasins n'avaient pas été atteints par l'incendie firent de brillantes affaires, soit en vendant leurs denrées au poids de l'or, soit en achetant à vil prix les chevaux d'officiers et les bagages qui dépassaient les limites réglementaires.

Dans la baie régnait également une grande animation. Les canots et les chalands des vaisseaux français et anglais se livraient à des expériences d'embarquement et de débarquement des voitures et des chevaux de l'artillerie. Il s'agissait de parer d'avance à toutes les éventualités. Depuis longtemps déjà les forêts voisines avaient fourni le bois pour la confection des fascines et des gabions nécessaires en cas de siège.

Le départ des troupes françaises présentes à Varna eut lieu le 2 septembre.

Tandis que l'armée alliée voguait vers la Crimée, nous reçûmes des ordres qui semblaient indiquer l'intention de nous faire prendre nos quartiers d'hiver en Turquie. On nous ramena à travers les Balkans, dans la direction d'Andrinople : mais, après quelques jours passés à Aïdos, nous fîmes un à gauche qui nous conduisit à Bourgas, petite ville située près d'une rade immense assez bien défendue contre les tempêtes de la mer Noire.

Nous campâmes d'abord à quelque distance de la ville, non loin d'un lac rempli de canards sauvages, de cygnes et de pélicans. Les habitants ne se livrant pas à la chasse, le gibier ne fuyait pas l'homme. Les lièvres partaient à chaque instant sous les pieds des chevaux, et les renards se montraient, en plein jour, à proximité du camp. Des nuages d'oiseaux s'abattaient sur les arbres et les clôtures des villages bulgares. Les officiers, amateurs de chasse, purent s'en donner à cœur joie. Bien que cette distraction fût interdite aux soldats, ils braconnaient en chargeant leurs fusils de munition avec de petits cailloux ou des balles coupées en morceaux.

Pendant notre séjour dans ce camp, j'eus l'occasion d'observer les mœurs des paysans bulgares. Ce sont des gens doux, paisibles, timides même, qu'un simple *chaouche*, seul représentant de l'autorité turque dans un village, maintenait en obéissance; de plus, laborieux et relativement honnêtes. Le lait, les œufs, la volaille, le vin s'achetaient chez eux à vil prix. Leurs terres étaient cultivées, aussi bien que possible, avec des instruments primitifs. Des chants monotones, des danses lentes et graves avec accompagnement de cornemuses, constituaient leurs plaisirs. Malgré l'abondance du vin, je n'ai jamais rencontré un Bulgare ivre. Les femmes jeunes et jolies étaient rares. On peut supposer que les parents et les maris les faisaient disparaître à l'approche des troupes.

Comme les Grecs orthodoxes, les Bulgares sympathisaient avec les Russes, mais leurs sentiments n'éclataient jamais en hostilités ouvertes. Pendant nos marches à travers les Balkans il arriva plusieurs fois que les conducteurs d'arabas chargés de nos bagages, profitèrent de la nuit pour s'enfuir avec leurs attelages de buffles. A cela se borna l'expression de leur mauvais vouloir.

A l'époque de la vendange, il y eut une grande fête dans les villages bulgares, reproduisant, sauf les différences de costumes et de paysage, *le retour de la moisson dans la campagne romaine*, tableau de Léopold Robert qui se trouve au Louvre. Même char attelé de bœufs aux cornes enrubannées, mêmes groupes exécutant des danses au son des mêmes instruments ; seulement les gerbes étaient remplacées par de grandes cuves remplies de raisins, enguirlandées de fleurs.

Cependant les vents de la mer Noire, accompagnés de torrents de pluie, rendirent le bivouac incommode, surtout pour les chevaux dont les pieds s'enfonçaient dans la boue. En vue de remédier à cette situation et de nous préparer des quartiers d'hiver, on fit évacuer un certain nombre de maisons de Bourgas, en refoulant les habitants, et l'on construisit, dans les cours, des abris en planches pour les chevaux.

Mon peloton fut logé dans le harem d'un grand *konak* (1) turc d'où l'on avait enlevé les meubles. Nous demeurâmes là dans une oisiveté complète, uniquement occupés de notre entretien, jusqu'au mois de novembre. A part une revue en l'honneur de Sélim-Pacha, général égyptien, qui commandait la place de Bourgas, la seule distraction dont j'aie gardé la mémoire est une course organisée par le général Morris, pour éprouver la valeur relative des chevaux d'Afrique et des chevaux français. Ce fut le cheval d'un de mes camarades, monté par un

(1) Un *konak* est une maison de ville. Un Yali est une maison de campagne.

officier du régiment, qui eut l'honneur de la journée.

Pour tromper l'ennui, nous n'avions d'autre ressource que de flâner dans les rues, de manger d'excellente galette chez les pâtissiers et de fumer des narghilés dans les cafés turcs. Notre curiosité était surtout excitée par les harems que l'imagination nous représentait comme un paradis de Mahomet; mais les femmes ne se laissaient point voir.

Un jour que je passais avec des camarades, le long d'un *konak*, nous entendîmes dans la cour, entourée de planches hermétiquement jointes, un concert de voix féminines. En vain, nous cherchâmes à regarder dans l'intérieur. Pas un trou, pas une fissure par où l'œil pût pénétrer. Cependant nous voulions en avoir le cœur net. A cet effet, nous revînmes dans la nuit avec une vrille qui nous servit à trouer les planches de l'enclos à diverses hauteurs et dans différentes directions. Le lendemain, grâce à ces préparatifs, nous pûmes satisfaire notre indiscrétion. Quel désenchantement! Au lieu des houris célestes que nous avions rêvées, nous vîmes une demi-douzaine de femmes d'un type laid et vulgaire occupées à fouler du linge dans de grands baquets. Au haut d'un escalier, une grosse matrone, sans doute la maîtresse de la maison, paraissait surveiller le travail des blanchisseuses. Des cris partis d'une maison voisine les avertirent de notre présence. Aussitôt elles relevèrent leurs jupes pour cacher leurs visages. Cette manière originale de sauvegarder la pudeur nous permit de constater qu'elles ne pouvaient rivaliser en rien avec la Vénus de Milo.

Un autre jour, je rencontrai une négresse au détour d'une ruelle. De chaque côté, un ruban de pavés figurant un trottoir juste assez large pour le passage d'un homme; au milieu, un canal boueux, remplaçant la chaussée, que l'on pouvait franchir de distance en distance au moyen de grosses pierres. En se trouvant face à face avec un *ghiaour*, la négresse voulut gagner le trottoir opposé; mais elle glissa, perdit ses babouches et tomba de son long dans la boue. Je me portai bravement à son secours, certes sans nulle intention de lui manquer de respect; alors, elle se débattit en poussant des cris d'épouvante. Quand je l'eus déposée sur le trottoir et que je m'en allai, après lui avoir rendu ses babouches, elle s'apaisa, paraissant toute surprise d'en être quitte à si bon marché.

Cette anecdote m'en rappelle une autre. Un jour que je m'étais attardé dans une promenade avec des camarades, l'heure du pansage des chevaux étant proche, il fallut prendre la course pour ne pas arriver en retard. Devant nous, sur le même trottoir, marchait gravement un Turc, coiffé du fez et portant un caban militaire dépourvu d'insignes. Du plus loin, je lui criai gare. Il continua de son pas de procession, sans même tourner la tête. Arrivé près de lui, je le saisis par la taille et le déposai dans le ruisseau. « Tu viens de faire un beau coup, me dit mon camarade courant derrière moi ; c'est le général turc ! »

M'étant retourné, je reconnus en effet le général Sélim-Pacha, qui nous avait passés en revue quelques jours auparavant. Planté dans la boue jusqu'à mi-jambes, sans dire un mot ni faire un geste, il montrait plus de stupéfaction que de colère, semblable à un souverain offensé dans sa majesté. L'affaire n'eut point de suites, probablement parce qu'il dédaigna de se plaindre. Sélim-Pacha fut tué au mois de janvier suivant à Eupatoria.

Depuis notre débarquement à Gallipoli, j'avais fait des connaissances fort agréables dans les régiments en contact avec nous. En ce temps, la carrière militaire était considérée comme la plus honorable de toutes. Le scepticisme universitaire et la décadence littéraire n'avaient pas encore empoisonné les sources du patriotisme et de toute noble ambition. Les fils de famille n'enviaient pas la gloire des mimes et des acrobates ; ils préféraient s'engager simples soldats, relever la litière des chevaux et vider les baquets plutôt que de déroger. Dans les régiments de cavalerie surtout, les plus grands noms de France étaient représentés à tous les degrés de la hiérarchie.

Il y avait en outre des bacheliers, des licenciés en droit, des jeunes gens exclus des grandes écoles par la limite d'âge, des artistes manqués, des viveurs qui avaient gaspillé leur héritage et auxquels la carrière des armes offrait le moyen de se reconstituer un avenir. Cette jeunesse, pleine d'imagination, de sève et d'enthousiasme, communiquait son souffle généreux à la masse des soldats tirés du recrutement. Son abnégation et sa bonne humeur ont guéri plus d'un cas de nostalgie, empêché bien des défaillances morales ; de même, on pourrait citer plus d'une affaire, en Crimée et ailleurs, où son intelligence et sa bravoure ont retenu la fortune sous nos drapeaux.

A Bourgas, j'avais pour compagnons ordinaires deux brigadiers de mon escadron, dont l'un était fils d'un inspecteur des haras et l'autre un ancien ouvrier parisien. Celui-ci, nommé Jacquillon, manquait d'école, mais il avait cette sorte d'instruction que l'homme intelligent acquiert dans les capitales par les yeux et par les oreilles; de plus, beaucoup de bon sens, un cœur d'or et toutes sortes d'aptitudes pratiques.

L'autre était un homme fin, lettré, poète autant que soldat, qui s'était engagé tout exprès pour faire la guerre, moins pour se frayer un chemin que pour se procurer des émotions. Il s'appelait Gayot. Sa connaissance du grec était suffisante pour débrouiller les journaux d'Athènes, les seuls qui fussent alors répandus en Orient. Nous avions ainsi des nouvelles qu'on ne trouvait pas dans les feuilles de Paris.

De mon côté, je savais assez de mots turcs pour satisfaire aux besoins les plus urgents. Presque chaque jour, nous nous réunissions, à certaine heure, dans un café. Là, sur un méchant divan, les jambes croisées à l'orientale, fumant le narghilé ou le chibouque, nous déroulions nos souvenirs et nos rêves, au hasard de l'improvisation.

Sur ces entrefaites, nous apprîmes le débarquement de l'armée alliée en Crimée, la bataille de l'Alma, la mort du maréchal Saint-Arnaud et son remplacement par le général Canrobert, le siège de Sébastopol, le combat de Balaklava du 25 octobre, où le 4e Chasseurs d'Afrique eut l'honneur d'inaugurer les prouesses de notre arme, en soutenant la charge épique de la cavalerie anglaise, commandée par Lord Cardigan, enfin la bataille d'Inkermann, en date du 5 novembre, où, comme à Waterloo, les Anglais n'échappèrent à une complète destruction que grâce à leurs alliés. En même temps que la nouvelle de cette bataille, nous reçûmes l'ordre de nous embarquer pour Kamiesh sur deux grands vapeurs anglais.

La veille du départ nous allâmes pour la dernière fois dans notre café turc. Gayot arriva en retard, contrairement à son habitude. Il paraissait soucieux. Comme je lui en demandai la raison : « Je ne sais, dit-il, mais je sens d'instinct que le premier boulet sera pour moi. »

Nous nous mîmes à rire. Alors, lui, gardant son sérieux : « Riez tant qu'il vous plaira; jamais un pressentiment ne m'a trompé. En tout cas, échangeons l'adresse de nos parents, afin que nous ne risquions pas de disparaître comme des anonymes. » La proposition fut acceptée et l'échange des adresses eut lieu séance tenante. Si j'ai relevé cette petite scène, c'est parce qu'elle sert de prologue à d'autres, plus tristes, dont je ferai le récit en temps et lieu. Il suffira de savoir, dès maintenant, que six mois plus tard j'étais le seul survivant des trois amis de Bourgas.

# III

## LE CAMP SUPÉRIEUR.

L'embarquement eut lieu le lendemain matin, non sans beaucoup de difficultés. Il pleuvait à verse. La mer Noire, en colère, envoyait des lames jusqu'au fond de la baie de Bourgas et, pour gagner les transports anglais, mouillés fort loin du rivage, nous n'avions que des mahones, sortes de bateaux à la proue recourbée dont la manœuvre à la rame était gênée par nos chevaux. Néanmoins, tout se passa sans accident.

La traversée dura quarante-huit heures, pen-

dant lesquelles nous n'eûmes qu'à nous louer
de l'hospitalité anglaise. Rostbeaf, plumpudding,
thé à discrétion et tous les égards possibles.

Le second jour, après la tombée de la nuit,
sur un point devant nous, l'extrême horizon se
remplit de petites lueurs intermittentes. A mesure
que nous avancions, ces lueurs prenaient
plus d'éclat. Bientôt nous vîmes des corps enflammés,
traversant le ciel en décrivant des
courbes brillantes. Parfois ils éclataient en
l'air, dispersant des milliers d'étincelles. C'était
comme un feu d'artifice. En même temps,
l'oreille percevait des bruits semblables au tonnerre
lointain.

Impossible d'attribuer ces phénomènes à
l'orage; il faisait froid; d'ailleurs nous savions
que la Crimée n'était pas loin. « Ce bruit, disait
le soldat, est celui du canon; ces corps lumineux
qui labourent le ciel, ce sont des bombes; sans
doute on va donner l'assaut à Sébastopol. »
Et tout le monde ajoutait : « Pourvu que nous
n'arrivions pas trop tard ! »

Nous parvînmes ainsi en vue d'une flotte composée de vaisseaux de haut bord, portant des feux à leurs grands mâts. C'était l'escadre anglaise, aux ordres de l'amiral Dundas, embossée au large du port de Sébastopol pour empêcher les Russes d'en sortir. Notre vapeur stoppa parmi les vaisseaux et nous restâmes sous leur protection jusqu'au lever du jour. Nous apprîmes alors que le duel d'artillerie qui nous avait.tant émus et qui continuait sous nos yeux, entre les batteries de siège des armées alliées et les défenses de la place, se poursuivait sans interruption depuis six semaines.

La nuit écoulée, nous pûmes jouir à notre aise du spectacle de' la ville, de son port et de ses fortifications. Les forts Constantin, Alexandre et de la Quarantaine se détachaient à l'entrée de la rade; on pouvait dénombrer à l'œil nu les embrasures de leurs canons. Plus loin, de chaque côté, toute une enfilade de forts. Au fond, la flotte russe de la mer Noire qui avait bombardé Sinope, moins quelques vaisseaux coulés à l'orifice de la passe, dont les mâts seuls sortaient de l'eau.

La ville, construite en pierres blanches, semblait dater de la veille. On y remarquait de grands établissements maritimes et de belles églises dont les cloches envoyaient leur son jusqu'à nous. Par-dessus la ville, sur toutes les éminences, des groupes de tentes marquaient l'emplacement des camps alliés.

Quelques minutes de traversée nous séparaient de la baie de Kamiesh, qui servait de port à la flotte française et de centre de ravitaillement à l'armée. Nous y arrivâmes de bonne heure et on jeta l'ancre à l'entrée ; mais le débarquement n'eut lieu que dans l'après-midi. Entre temps une forte rafale agita les vagues, la pluie survint et l'horizon s'obscurcit. Quand nous reçûmes l'ordre de prendre terre, les matelots, qui remorquaient les chalands où l'on nous descendit avec nos chevaux, eurent beaucoup de peine à gagner le rivage. Ces hommes appartenant au vaisseau l'*Alger*, distraits de leur service habituel pour débarquer les renforts de l'armée de siège, s'acquittaient de leur pénible tâche en maudissant la Crimée.

On nous déposa sur une plage absolument nue, d'un aspect désolant. Non loin de là, pour compléter la tristesse du lieu, la carcasse d'un trois-mâts dont le naufrage avait causé la perte d'un détachement de hussards durant la tempête du 14 novembre. Cette tempête ravagea les camps, brisa treize vaisseaux anglais à Balaklava et jeta sur la côte d'Eupatoria le *Henry IV* et le *Pluton*, sans compter les navires engloutis au large par la mer Noire.

Après avoir chargé les chevaux sous une pluie battante, il fallut attendre les autres détachements avant de se mettre à la recherche du bivouac. Quand nous y arrivâmes, au bout de deux heures de marche dans une boue épaisse, il faisait nuit et la pluie tombait toujours.

Pourvoir à l'installation des chevaux, dresser les tentes, ne furent point choses commodes en de pareilles conditions. Quant à cuisiner, personne n'y songea, faute de bois. Chacun s'arrangea comme il put pour passer la nuit, non sans mauvaise humeur et force jurements. Tel fut notre début en Crimée. Mais, qu'est-ce que ce début auprès des misères et des souffrances qui nous attendaient!

Le lendemain, quand il fut possible de se reconnaître, nous nous trouvâmes sur un grand terrain flanqué de ravins assez profonds, dépendant du plateau de Chersonèse. Ce plateau, qui renfermait les camps alliés et la ville de Sébastopol, constitue la pointe extrême de la presqu'île de Crimée. Il a la forme d'une sorte d'éventail où l'attache du manche est figurée par le port de Balaklava. La branche gauche, s'étendant de Balaklava au cap Chersonèse, est bordée par la mer; la branche droite, de Balaklava à la vallée d'Inkermann, est représentée par le mont Sapoune, véritable rempart naturel; enfin, l'arc de cercle entre les deux branches est dessiné en partie par la mer, en partie par la rade de Sébastopol. Sur ce champ clos de quelques lieues carrées, les plus grandes nations militaires du monde engagèrent à fond leurs ressources, à propos d'une étoile d'argent déta- chée d'une coupole, pour aboutir, onze mois plus tard, à la ruine d'une flotte, à la destruc- tion d'une ville et à la transformation du pla- teau de Chersonèse en cimetière.

Le terrain de notre campement était compris dans une fourche, formée à trois kilomètres environ de Sébastopol, à huit kilomètres de Kamiesh, par le ravin dit des Anglais. L'es- pace compris entre les deux branches reçut le nom de Camp supérieur. L'une d'elles nous séparait du quartier général et du premier corps d'armée commandé par le général Forey ; l'autre, de l'armée anglaise employée au siège et du deuxième corps aux ordres du général Bosquet.

Dans l'enceinte de notre terrain se trouvaient déjà le 1er et le 4e chasseurs d'Afrique. Un autre régiment de cavalerie française, le 4e hussards, était dispersé dans les divisions d'infanterie

pour le service d'estafettes et l'escorte des généraux. Le 7ᵉ dragons, le 6ᵉ et le 9ᵉ cuirassiers
passèrent l'hiver en Turquie et vinrent nous
rejoindre au printemps, en même temps que
le 2ᵉ et le 3ᵉ chasseurs d'Afrique tirés directement d'Algérie.

Le général Morris commandait toujours la
cavalerie ; mais notre brigade passa du général
Cassaignoles au général Feray, gendre du
maréchal Bugeaud. Les généraux avaient leur
*Smala* à promixité de l'escadron. Celle de
Feray était la plus luxueuse. Elle comportait
notamment une basse-cour dont plus d'une
pièce régala nos dragons. Une certaine dinde
surtout, enlevée toute rôtie, nous attirala colère du général ; mais les maraudeurs firent
si bien patte blanche que le méfait fut mis au
compte des troupes d'Afrique.

Une magnifique pelisse, longue comme une
robe de chambre, vêtement habituel du général
Feray, fit, pendant tout l'hiver, l'admiration
et l'envie de l'armée.

Au mois de novembre 1854, le froid n'était pas encore sensible; mais notre plateau n'offrait aucun abri contre les vents et la pluie qui régnèrent dès lors en permanence. On remplaça nos petites tentes-abris par des tentes turques, dites *marabouts*, capables de contenir dix hommes. Les chevaux étaient dans la boue entravés à des cordes maintenues par des piquets. Toute notre industrie porta sur leur conservation. Faire vivre nos chevaux, tâcher de vivre nous-mêmes, tel fut, pendant de longs mois, le problème journalier à résoudre. A cela se borna notre service. Si rude qu'il fût, il l'était moins que celui de l'infanterie creusant des parallèles et montant la garde aux tranchées; mais nous n'avions pas, comme elle, les émotions et les compensations de la guerre.

Tous les trois jours, nous allions chercher le fourrage et l'orge à Kamiesh. Chaque homme conduisait un cheval de main portant une balle de foin, attachée par moitié des deux côtés de la selle; lui-même soutenait un sac d'orge placé en travers de sa monture. Cette corvée prenait presque toute la journée, à cause de l'affreux état de la route.

Les rations variaient selon les approvisionnements en magasin. Dès que les arrivages devenaient rares, nos chevaux étaient à la diète. On leur servait l'orge dans une musette en crin doublée de toile, qu'on leur passait à la tête. Le foin était placé devant eux sur le sol. Le vent en emportait une partie ; une autre était foulée dans la boue. Le cavalier, qui tenait à son cheval, n'avait d'autre ressource que de prendre la ration de foin sous son manteau et de la lui faire manger brin à brin.

Une fontaine pourvue d'auges en bois, située au delà du ravin qui nous séparait du deuxième corps d'armée, servait d'abreuvoir. Pour nos besoins personnels, nous partagions une petite source avec nos voisins, les marins anglais.

Malgré tous nos soins, l'insuffisance des rations réduisit bientôt nos chevaux à se manger réciproquement leurs crinières, leurs queues et

leurs couvertures ; même les entraves de cuir
qui servaient à les attacher, ne résistèrent pas
à leurs dents.

On finit par découvrir des carrières d'où nous
tirâmes des pierres à paver ; mais comme ces
pierres étaient friables, nous ne pûmes maintenir
les chevaux hors de la boue qu'au prix d'incessantes réparations. Ceux des officiers étaient
logés dans des trous recouverts de tentes-abris
et préservés contre les intempéries par toutes
sortes d'expédients plus ou moins ingénieux.

Mais il ne suffisait pas de défendre nos chevaux contre la misère. Chaque nuit, les étalons barbes des chasseurs d'Afrique, brûlant de
mêler le sang du désert avec celui de nos vier-
ges normandes ou bretonnes, venaient leur
rendre visite au galop, en hennissant le can-
tique des cantiques. Ce n'était point chose facile
que de s'en débarrasser. Renvoyés d'un côté,
ils revenaient de l'autre, s'empêtrant dans les
cordes des tentes et s'abattant dans les trous qui
nous servaient de cuisines. S'approcher de leur

bivouac avec une jument ou un cheval hongre n'était pas non plus sans danger.

Un jour que je passai sur la lisière du 4ᵉ chasseurs d'Afrique, mon cheval fut assailli par une de ces bêtes affamées d'amour. Comme j'étais sans armes, je me trouvai dans la situation la plus grotesque. J'eus beau crier: Holà, Martin-bâton ! Les chasseurs riaient aux éclats.

En désespoir de cause, je lançai mon vaillant cheval vers un fossé rempli de neige, bordé d'un parapet. Nous passâmes par-dessus; tandis que le paillard s'en alla rouler au fond. Ce fut à mon tour de rire.

De pareils accidents étaient assez fréquents: le 4ᵉ chasseurs d'Afrique étant campé sur le bord de la route qui menait au grand quartier général et à Kamiesh.

La baie de Kamiesh, littéralement baie des Roseaux, était à l'armée française ce que Balaklava était aux Anglais: un port de débarquement et de ravitaillement. On l'avait surnommé baie de la Providence, parce que, à défaut d'une exploration complète des côtes, il avait semblé à tout le monde, après la prise de possession de Balaklava par les Anglais, que la flotte française se trouverait sans abri, l'armée sans base d'opérations.

Des sondages réguliers révélèrent que la baie de Kamiesh était assez sûre pour recevoir, à l'embaubouchure, tous les vaisseaux de ligne, ét, au fond, les milliers de navires de commerce envoyés de France et de tous les points de la Turquie avec des approvisionnements et des munitions.

Des constructions en bois s'élevèrent bientôt dans ce lieu désert, autant de boutiques de toutes sortes de provisions et de boissons, exploitées par des *mercantis* cosmopolites, ramassis de gens sans scrupules, avides de faire fortune au plus vite par n'importe quels moyens. La multiplicité de ces constructions auxquelles vinrent se joindre les magasins de l'armée et les petits dépôts des régiments firent de Kamiesh une grande ville que le soldat baptisa de noms variés parmi lesquels j'ai retenu ceux de *Filou-ville* et de *Racaillopolis*. C'est là que les can-tiniers des régiments s'approvisionnaient de conserves frelatées, de tord-boyaux sous éti-quettes de rhum et de cognac, de vert-de-gris portant le nom d'absinthe, qu'ils revendaient au poids de l'or, surtout aux Anglais. C'est également là que les *popotes* d'officiers et de sous-officiers achetaient des suppléments de vivres et que les soldats se procuraient leur tabac.

La route de Kamiesh était constamment sil-lonnée de cavaliers et de piétons, de cacolets d'ambulances, de convois de vivres, de voitures d'artillerie chargées de munitions. D'énormes mortiers, des canons de marine, traînés par des attelages quadruplés de chevaux étiques et de mulets surmenés, rendaient absolument im-possible l'entretien de cette route jalonnée par des cadavres d'animaux.

Je me suis toujours étonné qu'au lendemain de l'occupation du plateau de Chersonèse, on n'ait pas songé à l'établissement d'un chemin de fer, reliant Kamiesh à tous les camps et aux tranchées. Ce chemin de fer eût-il coûté un million par kilomètre n'aurait pas été payé trop cher. Il eut sauvé des milliers d'existences humaines, permis la conservation des chevaux et, sans nul doute, diminué de moitié la durée du siège. Cette idée d'un chemin de fer me poursuivit à l'état d'obsession, surtout après l'exemple donné par les Anglais à Balaklava.

Nous tirions nos vivres des magasins situés près du grand quartier général. Les rations étaient suffisantes : elles se composaient de viande salée, de lard et de riz, de viande fraîche de temps à autre, d'un supplément de vin, de sucre et de café; mais le pain manquait. En échange, nous avions du biscuit dur comme de la pierre, qu'il fallait piler ou trancher à coups de hache. A la longue, l'usage de cet aliment devient réellement fastidieux. Passe encore quand il est de bonne qualité ; mais, nous ne recevions en général que du biscuit turc, plein de vers et couvert de moisissure, dont une petite part seulement était mangeable.

Ce n'eût été que demi-mal, si nous avions eu du bois pour faire la cuisine. Les arbres du plateau de Chersonèse n'avaient pas fait long feu, c'est le cas de le dire ; puis vint le tour des sarments de vignes ; plus tard, et jusqu'à la fin de l'hiver, l'armée en fut réduite à déterrer les souches et les racines. Un homme, partant le matin avec une pioche et une hache, rentrait le soir avec un sac au quart rempli de souches arrachées à la terre. Tout endroit suspect de recéler une parcelle de bois était aussitôt fouillé. Cette tâche se compliqua singulièrement quand le sol se couvrit de neige. Alors les vivres s'amoncelèrent dans les tentes sans qu'il fût possible d'en tirer parti.

Souvent nous vécûmes deux jours de suite avec une espèce de soupe composée d'eau de café et de biscuit pilé qu'on parvenait à faire cuire au moyen de planchettes de sapin provenant des balles à foin. Ces planchettes donnaient lieu à des rixes, chaque fois que nous allions au fourrage à Kamiesh. J'ai vu des hommes se battre jusqu'au sang pour en conquérir un morceau.

Blanchir le linge dans ces conditions devint de plus en plus difficile. Depuis longtemps, ceux qui se servaient de mouchoirs et de chaussettes avaient dû en perdre l'habitude. Un autre ennui, de nature plus intime, mit le comble à nos tribulations. L'anecdote suivante permettra de mettre les points sur les I.

Quelques jours après notre arrivée au camp supérieur, le général Canrobert vint nous visiter à l'improviste. Deux spahis composaient son escorte. Il était coiffé du chapeau à plumes blanches, marque du commandement en chef et portait un bras en écharpe, à cause d'une blessure qu'il avait reçue à Inkermann. Sa moustache cirée, ses cheveux longs, sa prestance évoquaient le souvenir de son compatriote, Joachim Murat. Ayant mis pied à terre, il passa devant nos rangs, s'arrêtant pour questionner l'un ou l'autre d'entre nous avec ce don de parler au soldat et ce souci de leur bien-être qui lui valurent une si grande popularité dans l'armée d'Orient. « Et vous, brigadier, dit-il, en arrivant devant moi, êtes-vous content ? — Mon général, répondis-je, tout irait bien sans... les poux ! » — Les poux, s'écria-t-il, les poux ! Eh ! qui n'en a pas des poux ! » Un éclat de rire général accueillit cette saillie.

La guerre est un retour pur et simple à l'état sauvage. Malheur à qui s'imagine qu'on puisse faire la guerre avec des mœurs efféminées ! Monter à l'assaut, pousser une charge n'est rien. Tout le monde est brave à un moment donné. Autre chose est de bivouaquer, pendant de longs mois, en butte à toutes les fatigues et à toutes les privations. Il faut pour cela des corps de fer et des âmes cuirassées d'un triple airain.

Le ravin, qui nous séparait des marins anglais, se prolongeait vers la baie du Sud jusqu'à Sébastopol. Par là, nous arrivait en plein le bruit des coups de canon tirés dans notre direction. Malgré la distance, qui était d'environ trois kilomètres, on sentait, pour ainsi dire, le coup de fouet des boulets. La nuit surtout, quand la canonnade faisait rage, la terre frémissait et il devenait difficile de dormir. Au commencement, les chevaux avaient peur et tiraient sur leurs entraves ; mais l'habitude les calma bientôt.

La Montagne-Verte, qu'il ne faut pas confondre avec le Mamelon-Vert, située près de notre camp, nous permettait de voir la ville et une partie des travaux d'approche. C'était le rendez-vous des oisifs quand le temps était assez beau et que les exigences du service le permettaient. Souvent, une bombe lancée du bastion du Mât ou du Grand-Redan mettait fin à la curiosité.

Parfois nous poussions des excursions beaucoup plus loin, à gauche, jusqu'au Clocheton et à la Maison-Brûlée ; à droite, jusqu'à la batterie Lancastre, occupée par les Anglais, et au ravin du Carénage.

Un jour, m'étant engagé avec deux camarades dans la direction du Mamelon-Vert, que les Russes n'avaient pas encore fortifié, nous fûmes rejoints par un vieux zouave qui nous demanda du feu pour allumer sa pipe. Il connaissait parfaitement le terrain et nous fournit toutes sortes d'explications. En nous montrant le Mamelon-Vert, il dit textuellement : « Vous voyez cet endroit ? Eh bien ! c'est par là qu'on prendra la ville, si jamais on la prend. Sébastopol est comme une bouteille dont le Mamelon-Vert est le goulot. Avec le Mamelon-Vert et Malakoff entre nos mains, toutes les fortifications de la ville tombent, et les boulets rouges ont bientôt raison de la flotte. Si les Russes ont le temps de pousser leurs travaux de contre-approche jusqu'au Mamelon-Vert, il faudra des torrents de sang pour le conquérir. » Le 7 juin et le 18 juin de l'année suivante réalisèrent la prédiction du vieux zouave.

Cependant l'hiver devint de plus en plus rigoureux. L'état de marasme où se trouvait le régiment alla grandissant. Les chevaux dépérissaient. Le choléra, qui ne nous avait jamais quittés, depuis Varna, faisait des victimes et les suicides étaient si fréquents que le général Morris crut devoir nous adresser un ordre du jour qui flétrissait cette espèce de désertion. Cet ordre du jour retombait directement sur son auteur. S'il avait fait son devoir en se montrant dans les camps au lieu de se chauffer dans sa tente de satrape, il est probable qu'il n'eût pas trouvé l'emploi de sa rhétorique.

Le 20 décembre, on nous fit, pour la première fois, monter à cheval en vue d'un service de guerre. Il s'agissait d'une reconnaissance dans la vallée de Balaklava jusqu'au point où la route Woronzoff s'engage, sous forêt, dans la direction de Baïdar. Les chasseurs d'Afrique, qui marchaient devant nous, tiraillèrent avec les Cosaques. Pendant ce temps, des hommes de corvée chargèrent de bois un certain nombre de voitures. Nous rentrâmes à la tombée de la nuit, sans avoir eu l'occasion d'apprêter nos armes, escortant tristement ce bois, dont nous ne reçûmes pas une bûche.

Trois jours plus tard, je fus dîner dans un camp voisin. En rentrant au milieu de la nuit, l'homme de garde aux chevaux m'apprit que mon ami Gayot était très malade et qu'on m'avait cherché partout. Je me hâtai vers sa tente. Son premier mot fut de me dire qu'il avait des crampes atroces. Comme il était très aimé, plusieurs hommes s'empressaient autour de lui pour le frictionner. L'ayant examiné à la lueur d'une bougie plantée dans une bouteille, je reconnus tous les symptômes du choléra. La nuit se passa à lui donner des soins.

Sachant qu'un de nos chefs d'escadron, M. de Lassale, s'intéressait beaucoup à Gayot, j'allai, dès l'aube, lui faire part de l'événement. Il m'ordonna de le transporter dans sa propre tente ; ce qui fut fait. Mais le docteur du régiment ne voulant pas prendre la responsabilité de son cas, le fit évacuer dans les ambulances du grand quartier général.

On le chargea sur un mulet avec un autre malade qui faisait contre-poids. J'eus le chagrin de ne pouvoir l'accompagner, notre capitaine m'ayant désigné pour remplir à sa place les fonctions de fourrier. Mais, comme il y avait une distribution de vivres dans la journée, je lui promis de saisir cette occasion pour l'aller voir. A l'heure dite, je n'eus pas la patience d'attendre la fin de la distribution pour avoir des nouvelles, et j'envoyai un cavalier, à l'ambulance, qui n'était pas loin. Quand il revint, je vis à son air qu'il n'avait rien de bon à m'annoncer. « C'est bien, lui dis-je, je suis fixé. »

La corvée des vivres finie, nous allâmes l'enterrer, Jaquillon et moi, et nous marquâmes tristement l'endroit avec des pierres. Nous n'eûmes point à remplir l'engagement pris à Bourgas de correspondre avec sa famille : le commandant de Lassale se chargea de ce soin. C'est à lui que nous remîmes la pipe de notre ami et divers objets à son usage personnel.

Je reçus quelque temps après un numéro d'un journal de Châlons-sur-Marne où se trouvait la description d'un service funèbre, en l'honneur de Gayot, auquel avaient assisté toutes les notabilités de la ville.

Choléra ou boulet : qu'importe ? Le pressentiment s'était réalisé. Et maintenant à qui le tour ?

La destinée ajourna jusqu'au printemps la réponse à cette question. Je raconterai à son heure le dernier épisode d'une aventure dramatique dont l'exposition avait eu pour théâtre un café turc de Bourgas.

Le 28 décembre, quelques jours après la mort de Gayot, nous reçûmes de grand matin l'ordre de monter à cheval pour faire une nouvelle reconnaissance dans la direction de Baïdar. Le thermomètre marquait dix degrés au-dessous de zéro.

Dès que nous eûmes franchi le col du mont Sapoune, qui donne accès dans la plaine de Balaklava, nous entendîmes des coups de fusil devant nous. Bientôt nous rencontrâmes des chasseurs d'Afrique blessés qui revenaient en arrière pour se faire panser. A mesure que nous avancions, la fusillade devenait plus vive ; puis, notre canon se mit à gronder.

A certain moment, nous pûmes croire qu'on se servirait de nous. Nous étions arrêtés en colonne, par quatre de front, sur la route de Baïdar, quand, sans raison apparente, on nous fit mettre le sabre à la main. Même notre colonel arrivant au galop nous cria : « Chasseurs! ajustez vos rênes ; nous allons charger. » Je me souviens que cette appellation de chasseurs, adressée à des dragons, mit tout le monde en gaieté.

Mais il était écrit que notre tour ne viendrait pas ce jour-là. Deux minutes après, nos sabres rentrèrent dans leurs fourreaux.

L'ennemi cédant le terrain, nous continuâmes à nous porter en avant. Des trous en terre, recouverts de branchages, marquaient les camps abandonnés par les Cosaques. On n'y trouva

rien que du pain tellement noir et de si mauvaise qualité que personne ne voulut y goûter.
Nous parcourûmes ainsi trois ou quatre cents
mètres de route pour faire halte de nouveau.

Comme il faisait très froid et que nous étions
en pleine forêt, à chaque station on mettait pied
à terre et l'on allumait de grands feux, A l'une
de ces haltes, j'entrai dans une petite clairière
où se trouvaient quelques soldats d'ambulance
avec des cacolets. « N'allez pas plus loin, me
dit le brigadier, vous pourriez rencontrer des
Russes. Bien certainement, tous ne se sont pas
retirés par la grand'route.»

M'étant avancé de quelques pas, j'aperçus un
Cosaque à pied, tête nue, dont la capote grise
était inondée de sang. Cet homme crut sans
doute toucher à sa dernière heure, car il jeta
son sabre et son fourniment et se mit à genoux.
J'eus peine à lui faire comprendre par signes
qu'il n'avait rien à craindre. Alors, il se releva
et montrant ma gourde, il répéta plusieurs fois
le mot *Wadi*. Je lui fis boire de l'eau de café et,

le prenant sous le bras, je le conduisis à notre feu.

Ce fut un événement. En dehors des déserteurs recueillis par le deuxième corps, qui traversaient notre camp pour être ramenés à Kamiesh, personne de nous n'avait encore vu les Russes. Mon prisonnier reçut le meilleur accueil et notre docteur lui donna des soins. Il avait un mauvais coup de feu dans l'épaule gauche et un coup de pointe de moindre gravité dans le cou.

A la sonnerie en avant, nous le laissâmes près du feu, comptant qu'au retour il serait recueilli par nos cacolets.

Comme je l'ai dit plus haut, nos marches en avant ne dépassaient guère trois cents mètres. Au bout de ce trajet, nouvelle halte, nouveaux feux.

Nous étions là, depuis dix minutes, quand un dragon attira notre attention en arrière. Alors il nous fallut assister, impuissants, au spectacle le plus odieux.

Un Bachi-Bozouk, traînant son cheval par la bride, traversa le fossé qui séparait la route de l'emplacement où nous avions laissé le pauvre Cosaque, puis il tira son cimeterre. Nous vîmes distinctement l'arme s'abattant plusieurs fois vers le sol. Il y eut un long frémissement dans nos rangs. Certes, si cet homme était venu à notre portée, cent bras l'eussent mis en pièces.

Pendant toute la campagne, la guerre fut sans miséricorde entre le Turc et le Moskow. Le fanatisme religieux, surexcité de part et d'autre, n'admettait point de quartier.

Au retour de cette expédition, un peloton de mon escadron fut dispersé en tirailleurs à l'arrière-garde. Il brûla beaucoup de cartouches, mais ne perdit ni un homme, ni un cheval. A cette escarmouche se borna notre participation effective à la guerre durant l'année 1854.

Le 1ᵉʳ janvier 1855, les officiers reçurent chacun cent francs à titre d'étrennes de la part de l'Impératrice. Telles étaient alors les susceptibilités militaires, en matière d'argent, surtout dans la cavalerie, que ce don causa plus de surprise que de reconnaissance.

L'inclémence de la mer Noire retardait souvent les courriers. Celui qui nous parvint après le 1ᵉʳ janvier nous annonça la nomination de notre colonel, M. Robinet de Plas, au commandement de la légion de gendarmerie de Bordeaux et son remplacement par notre lieutenant-colonel, M. Ressayre, à qui j'avais été recommandé par le major Vigogne, des guides de la garde.

Un capitaine de mon ancien régiment de cuirassiers, M. Niox, qui avait été nommé chef d'escadron dans un régiment d'Afrique, devint notre lieutenant-colonel. Il ne fit que passer au 6ᵉ Dragons. Le choléra l'emporta vers l'époque du printemps. Il eut pour successeur un officier fort affable, M. de Pierre de Bernis, venant du 3ᵉ Chasseurs d'Afrique, qui fit avec nous le reste de la campagne.

Comme je l'ai dit au début, le colonel Robinet de Plas était un chef très paternel, répugnant aux tracasseries et aux punitions, gouvernant de haut, abandonnant les détails aux officiers subalternes par bonté de cœur et pour conserver intacte l'affection de ses soldats. Jugeant les choses à distance avec la maturité de l'âge et des termes de comparaison plus nombreux, je n'hésite pas à mettre à la charge d'un commandement trop mou l'état de marasme qui nous avait attiré l'ordre du jour du général Morris. Ici l'importance du sujet m'oblige à introduire dans ces pages une rapide digression.

« Le meilleur chef de guerre est celui qui, toutes choses égales, présente le plus grand nombre d'hommes sous les armes à la fin d'une campagne. » A tous les degrés de la hiérarchie, le soldat français, impressionnable et versatile comme ses ancêtres les Gaulois, si profondément jugés par César, a besoin d'être dominé par *une main de fer sous un gant de velours.* Les mots soulignés sont du maréchal Soult. La sentence, entre parenthèse, est du maréchal Davoust, le seul homme de guerre, après Turenne et Moreau, qui ait su maintenir, dans une armée française, à un degré supérieur à Napoléon lui-même, la discipline, la cohésion et ce que les Allemands nomment *Standhaftigkeit.*

Le rigoureux commandement, qu'au rapport de Tacite, Corbulon appliqua avec tant de succès aux légions de Germanie et de Syrie, doit servir de règle à tout chef français. Mais il faut qu'il paye de sa personne et que, comme Corbulon, à l'heure où le froid gèle les sentinelles à leur poste, légèrement vêtu il soit présent partout, dans les marches, au milieu des travaux, encourageant les hommes énergiques, redressant les faibles, donnant l'exemple à tous. *Fortes creantur fortibus et bonis.* Au contraire, la faiblesse engendre la faiblesse et quand les chefs se claquemurent dans leurs tentes décorées d'un luxe asiatique, faisant contraste avec les misères du soldat, l'hiver et les maladies ont beau jeu. Sans doute Corbulon punissait de mort le moindre acte d'indiscipline. Mais qu'importent quelques hommes sacrifiés pour l'exemple quand, à ce prix, on préserve toute une armée contre la démoralisation, la surprise et la déroute !

Le soldat français préfère au chef le plus débonnaire le chef le plus exigeant. Comme le peuple français il faut qu'il se sente gouverné, sinon il tombe dans l'anarchie, en criant à la trahison. Quand il est fortement commandé, rien n'est au-dessus de son courage et de son endurance.

Si les vérités axiomatiques qui précèdent avaient besoin d'une confirmation, on la trouverait dans la sorte de révolution produite au 6ᵉ Dragons par le changement de colonel. M. Ressayre était un homme rude et dur, peu sympathique au premier abord. Il ne pouvait en aucune façon prétendre à la réputation d'un officier de parade et de salon. Peut-être même sa culture générale ne lui per-

mettait-elle pas d'aspirer à d'éclatantes destinées militaires. En revanche, il avait toutes
les qualités d'un colonel. Dans les circonstances
où nous nous trouvions on n'aurait pu mieux
choisir. *L'imperatoria brevitas*, apanage des
véritables hommes de guerre et de gouvernement, dicta son premier ordre du jour ; juste
les mots nécessaires pour dire ce qu'il exigeait
de chacun.

A partir de ce moment, la discipline reprit
tous ses droits. En dépit du froid qui atteignit
treize degrés le 8 janvier, et de la neige qui
faillit empêcher nos communications avec Kamiesh, on entreprit toutes sortes de travaux
complémentaires pour défendre nos malheureux chevaux contre les intempéries. Chaque
officier devint personnellement responsable de
sa troupe. Le pavage fut refait avec une pente
suffisante pour l'écoulement des eaux. Sur le
front de ce pavage, un mur haut de quatre
pieds s'éleva comme un rempart contre le vent.
La litière fut entassée au fur et à mesure ;

ainsi les chevaux eurent les pieds à sec et purent manger à peu près tout leur foin.

La même sollicitude s'étendit sur les hommes. Dans chacune de nos tentes turques, on enleva deux pieds de terre; ce qui fit gagner de la place et permit de s'y tenir debout. Toutes les armes furent disposées en faisceaux, autour du pilier central, les fourniments blanchis, les cuivreries astiquées comme pour une revue de chambre en garnison. Chaque matin, on relevait le couchage et on le soumettait, avec l'habillement et la sellerie, à un paquetage uniforme. A la moindre embellie, tous ces effets étaient battus et brossés en plein vent.

Pendant toute la journée, la partie inférieure des tentes, retroussée par intervalles, permettait la libre circulation de l'air. Au dehors, un fossé recevait l'eau de pluie qui s'écoulait par un canal dérivatif. Des trottoirs reliaient les tentes entre elles et les escadrons entre eux. Les cuisines furent enterrées et recouvertes de tentes-abris. On contraignit les escouades à faire la soupe, quelque temps qu'il fît, excepté quand le bois manquait. Toute infraction à ces règles attirait des punitions aux chefs responsables. Quiconque avait un grade était sur les dents. Les officiers de mon escadron se trouvaient sans cesse au milieu de nous, à commencer par le capitaine Raabe.

Celui-ci profitait de chaque éclaircie pour faire de la haute école avec ses chevaux. Au début de la campagne, il couchait à la belle étoile, mais le choléra de Varna le corrigea de cette habitude. Jamais on n'avait besoin de le réveiller pour lui rendre compte des rondes de nuit. En approchant de sa tente, on était sûr d'attendre un *Hop la la !* suivi de la question : Quoi de nouveau ?

A l'origine, un plébiscite, permettant de choisir entre les deux colonels, eût sans doute abouti au rappel de M. Robinet de Plas. Plus tard, quand les effets du nouveau système devinrent évidents à tous les yeux, force fut d'enrayer les doléances et de rendre justice au colonel Ressayre. Quel que fût le temps, pendant toute cette période de sauvetage du régiment, on l'avait vu, soit de jour, soit de nuit, arrivant à l'improviste pour contrôler l'exécution de ses ordres jusque dans les moindres détails. A peine le croyait-on parti qu'apparaissait de nouveau sa barbe hérissée de glaçons.

Bientôt la résurrection morale fut manifeste et nous ne comptâmes plus un seul suicide. Tel fut le changement produit qu'au commencement du mois de mars, lorsque le général Moris passa sa division en revue, il déclara que la tenue de notre régiment l'emportait sur celle des chasseurs d'Afrique qui étaient tous des vétérans.

Détail que les hommes du métier apprécieront : les fourreaux de sabre, les étriers et les mors de bride avaient été passés à la gourmette, les fourniments étaient d'une éclatante blancheur et les casques étincelaient comme au Champ-de-Mars.

En voyant de loin ce spectacle, le général

Canrobert descendit vers nous et en passant devant les rangs au pas de son cheval, il s'écria en élevant son chapeau : « Dragons ! vous êtes magnifiques ! il ne vous manque que de voir les Russes ! Patience ! vous aurez votre tour ! »

Mais entre le mois de janvier et la date de cette revue, il nous avait fallu supporter bien des misères. En dépit de tous les soins, la rigueur de l'hiver avait fait périr un grand nombre de chevaux ; ceux qui survivaient n'avaient que la peau et les os.

Les jours de fourrage à Kamiesh, nous en laissions toujours quelques-uns sur la route. Chaque cadavre de cheval était amputé du sabot, portant son numéro matricule, pour justifier de la perte devant l'Intendance ; car, au milieu de notre désastre, l'arche sainte de la routine fut toujours visible à nos yeux. Que par accident on oubliât de rapporter le sabot d'un cheval abandonné : en route, brigadier ! par la pluie et la neige, au risque de crever son propre cheval. J'avoue que ce dilemme : le sabot ou la mort m'a plus d'une fois mis dans l'exaspération.

Pendant toute la campagne, l'Intendance continua à percevoir son impôt de papier, et la comptabilité fut aussi méticuleuse qu'en garnison. Pour une bagatelle de nulle valeur, telle qu'une baguette de pistolet, ou un passant d'étrivière, je ne sais combien d'états revêtus de plusieurs signatures se contrôlant les unes les autres !

Nos alliés ont su faire la guerre en s'affranchissant de ces *impedimenta* sans qu'il y parût dans leurs finances.

Les renforts que nous recevions de France fondaient comme de la neige au soleil. De cent cinquante hommes arrivés en décembre, il n'en restait pas plus de quinze au bout d'un mois. Ces jeunes soldats, dont beaucoup n'avaient pas achevé leur instruction militaire, subitement transportés de Tarascon en Crimée, étaient incapables de supporter l'hiver au bivouac. Les ambulances les reçurent à peine débarqués.

J'ai observé que les volontaires venus d'autres régiments se conservèrent bien mieux que les hommes des classes tirés de la campagne dont le moral était inférieur. De même, à soins égaux, les chevaux de sang offrent plus de résistance au bivouac que les espèces grossières. Les chevaux barbes des chasseurs d'Afrique, nos chevaux d'officiers, les chevaux de Tarbes qu'un régiment de lanciers nous céda, au printemps, fournirent un tribut relativement faible à la Crimée.

Parmi les hommes de renfort, beaucoup ne savaient pas se tenir au trot. Ceux qui résistèrent, furent bientôt débrouillés, grâce à la méthode Baucher, qui permet de dresser un cheval en quarante jours et de faire un cavalier de premier ordre en six mois. Les expériences que j'ai faites sur ce point, sous la direction du capitaine Raabe, sont absolument concluantes. Quand l'école de Saint-Cyr transforme des lycéens en officiers, quand Saumur fabrique des sous-officiers instructeurs en moins de deux ans, il serait étrange qu'il fallût trois ans pour faire un hussard ou un dragon. La véritable force d'une armée est dans ses cadres. Quant aux soldats, une discipline inflexible et trois mois de campagne d'hiver sous les ordres de chefs payant d'exemple suffisent pour les élever au niveau des vétérans.

Le thermomètre, en janvier, marqua rarement moins de huit degrés au-dessous de zéro. On nous avait distribué des capotes à capuchon, dites *crimeennes*, des paletots en peau de mouton avec toute la laine, qui nous aidèrent beaucoup à résister au froid. D'autre part, le Sultan nous avait gratifiés de bonnets rouges, sans glands, appelés *schazias;* mais nos uniformes étaient usés jusqu'à la corde. Le pantalon rouge surtout était une loque informe avec des rapiéce-tages multicolores, car on n'avait pas toujours du drap rouge sous la main. Aux tranchées cette loque n'en restait pas moins pour les

Russes la cible la plus voyante. Si les lièvres portaient des pantalons rouges, depuis long-temps il n'y en aurait plus. Dire qu'après trente ans écoulés, le pantalon rouge brave encore les malédictions du soldat !

L'armée, avec son accoutrement d'hiver et ses barbes incultes, ne ressemblait plus à une troupe régulière. Certains corps offraient l'aspect de hordes sauvages ou de bandes de brigands.

Parmi les régiments qui surent conserver une tenue militaire, il convient de citer au premier rang les tirailleurs algériens. Depuis lors, ils ont prodigué leur sang sur tous les champs de bataille, sans qu'on leur ait accordé les droits dont jouissent les Juifs et les nègres des colonies. Puisse la France ne pas payer cher cette monstrueuse ingratitude (1) !

(1) Après la déroute de Reichshoffen, beaucoup de soldats jetèrent leurs armes pour conserver leurs sacs ; seuls, les tirailleurs algériens arrivèrent en ordre au camp de Châlons avec leurs fusils et leurs cartouches.

Mais quelles que fussent nos souffrances, elles n'atteignaient point celle des Anglais. Ils étaient beaucoup mieux habillés et payés que nous. Leurs rations de vivres dépassaient également les nôtres. Ainsi, chaque soldat recevait par jour, une livre et demie de viande. Mais leurs approvisionnements se trouvaient souvent suspendus, soit par un vice d'administration, soit à cause des tempêtes de la mer Noire qui engloutirent un grand nombre de navires. Comme ils étaient moins industrieux que nous, à certains moments, ils mouraient littéralement de faim. Alors, ils venaient dans nos camps, offrant des pièces d'or pour un morceau de pain. Tous les soldats de Crimée connaissaient le mot *bread*, pour l'avoir entendu souvent, ainsi que le mot *boots* : les Anglais offrant aussi leurs bottes en échange de vivres.

A défaut de pain dont nous manquions nous-mêmes, on leur donnait ce qu'on pouvait ; mais, jamais on ne prenait leur argent. C'était pitié de voir ces hommes superbes demandant

la permission de se repaître du fond de nos gamelles. A défaut de nourriture solide, ils allaient
aux cantines échanger leurs livres sterling
contre du *brandy*. L'ivresse avait bientôt
dompté leur corps à jeun ; alors, ils se cou-
chaient, n'importe où, pour ne plus se relever.

En traversant, au lever du jour, le ravin qui
nous séparait de l'abreuvoir des chevaux, nous
rencontrions souvent des monticules de neige
d'où sortaient des pans d'habits rouges.

Un mal spécial, pour lequel on avait inventé
un nom spécial, le *mal des tranchées*, ajoutait
encore à la mortalité. En vérité, cette magnifique armée anglaise, que nous avions tant
admirée au début de la campagne, semblait
vouée à l'anéantissement ! Déjà nous savions,
par les discussions du Parlement reproduites
dans les journaux, qu'en décembre il ne restait
plus que seize mille hommes de cinquante-
trois mille expédiés d'Angleterre et des colonies. Un mois plus tard, toujours d'après les
documents officiels, il n'en restait plus que dix

mille, bien-qu'on eût envoyé sept mille hommes de renfort ; au total : une perte de treize mille hommes en un mois.

Nous apprîmes alors que le général Simpson était arrivé de Londres, envoyé par son gouvernement, pour faire une enquête sur les causes de cette effroyable consommation d'hommes, avec pleins pouvoirs de remédier au mal. Sans doute, ce général remplit bien sa mission, car bientôt les Anglais eurent de tout en abondance.

L'hiver suivant, les rôles furent renversés. Les Anglais, logés dans des baraques, parfaitement habillés et nourris, ne subirent presque point de pertes ; tandis que notre administration, convaincue que le système africain de vivre et de camper était la perfection même, ne fit aucun progrès et livra sans défense, au typhus et au scorbut, des milliers d'hommes dont les fatigues et les émotions d'une première année de campagne avaient épuisé la constitution.

Personnellement, j'ai traversé toutes ces misères sans la moindre indisposition. A cela, je n'eus aucun mérite. Après avoir été élevé dans mon enfance de la façon la plus rude, mon caractère rebelle à l'obéissance aveugle, m'avait attiré, durant mes premières années de service, tant de salle de police et de prison, en pantalon de toile et avec un sac à distribution pour toute couverture, au cœur des hivers les plus rigoureux, que mon corps put impunément défier les intempéries.

J'avais été nommé sous-officier le 5 janvier. A partir de ce jour, je connus, pour la première fois, le bien-être. Tout est relatif. Après avoir vécu, pendant cinq ans, à la gamelle, le luxe d'une assiette et d'une fourchette me fut une jouissance dont je n'ai jamais retrouvé l'équivalent depuis. Avoir des camarades plus ou moins instruits, plus ou moins élevés, tous animés de nobles sentiments et rivalisant d'énergie, après un contact incessant avec toutes les variétés inférieures de l'espèce humaine : voilà surtout ce qui me procura la sensation d'un immense relèvement de mon être moral.

Au lieu de partager avec mes collègues une grande tente, je préférai m'installer dans une petite tente-abri. Deux livres de chevet, auxquels j'adjoignis la *Physiologie du goût* de Brillat-Savarin, trouvée à Kamiesh, me firent passer fort agréablement bien des heures nocturnes, quand le vent soufflant à travers la toile n'éteignait pas ma bougie.

C'est ainsi que je traversai sans nulle souffrance les inoubliables journées des 5, 12 et 16 janvier 1855.

Descendu de garde dans la soirée du 15, j'avais dormi d'un sommeil de plomb pendant toute la nuit, quand le matin, en me réveillant, je me trouvai couvert d'une neige épaisse que le tissu de la tente, détendu par l'usure, avait laissée passer. Cet accident se renouvela plusieurs fois. La pluie, venant par les mêmes fissures, était encore plus désagréable; elle trempait ma couverture et remplissait d'eau l'excavation que j'avais fait creuser pour me tenir debout.

La nuit du 15 janvier coûta cher aux armées alliées. Un vent glacé, soulevant des tourbillons de neige, balaya le plateau de Chersonèse et s'abattit sur les camps, faisant de nombreuses victimes parmi les hommes et portant le coup de grâce aux chevaux. Un grand nombre de ces animaux périrent cette nuit-là et durant la journée suivante, tellement obscurcie par la neige qu'elle ne fut qu'un prolongement de la nuit.

Neuf mille soldats français, sur soixante-quinze mille dont se composait l'effectif, entrèrent aux ambulances en janvier. Parmi ceux qui ne moururent pas, beaucoup demeurèrent estropiés par suite de congélation.

Pendant toute cette période, le général Canrobert paya bravement de sa personne, toujours à cheval, visitant les camps, les ambulances et les tranchées. On le rencontrait chaque jour et partout. Le 15 janvier, Lord Raglan traversa également notre bivouac pour visiter les troupes anglaises employées au siège. Je ne vis

Omer-Pacha que lorsqu'il vint d'Eupatoria pour assister à un conseil de guerre. Il jouissait alors de tout le prestige de sa victoire d'Oltenitza, du siège de Silistrie et du combat d'Eupatoria. Certes, je ne me doutais point alors, que, douze ans après, pendant l'insurrection crétoise, j'aurais l'occasion de vivre dans son intimité et de vérifier sur lui la justesse de cette remarque que les grands de la terre sont comme les fantômes qui s'évanouissent quand on les touche de près. Toute la gloire d'Omer-Pacha lui venait de l'incomparable valeur du soldat turc. Comme tant d'autres généraux victorieux, il pouvait chanter :

> Mais, si j'ai gagné la bataille,
> C'est que j'avais un bon cheval.

Au cours de ce mois de janvier, le capitaine Napoléon Bertrand, fils du maréchal du Palais, qui avait accompagné Napoléon 1er à Sainte-Hélène, fut placé à la suite de mon escadron. Tiré de la non-activité pour servir dans les Bachi-Bozouks, le licenciement de ce corps l'avait mis à pied. Depuis, il avait passé d'un état-major à l'autre, vivant familièrement avec les généraux d'Afrique, dont beaucoup s'étaient trouvés capitaines avec lui. Ses duels et ses frasques l'avaient rendu célèbre. On racontait notamment que la veille de la prise de Constantine il avait fait trente lieues à cheval pour participer à l'assaut.

Quand il se décida pour le régiment, ce ne fut point dans l'intention de faire le service. Il dormait pendant le jour. La nuit, il allait *bambocher* et jouer dans les camps voisins. Un matin, avant l'aube, il arriva à cheval devant sa tente et appela son ordonnance pour l'aider à mettre pied à terre. « C'est égal, dit-il, j'ai prouvé aux Anglais que leurs chevaux de pur sang ne valaient pas le mien ! »

Nous apprîmes le lendemain qu'après avoir soupé avec des officiers anglais, il les avait défiés de le suivre dans une course au clocher à travers les hauteurs de Balaklava, que son cheval avait roulé du haut d'une falaise sans se faire de mal, et que lui-même s'était cassé le bras. Cet accident ne l'empêcha pas de repartir le soir avec son bras en écharpe.

Le capitaine Napoléon Bertrand n'était pas le premier venu. Comme le capitaine Raabe, la nature l'avait taillé pour être un homme de guerre, peut-être un chef d'armée. Tous deux seraient dignes de figurer dans la collection des *gens singuliers* de Lorédan Larchey.

Vers la fin de janvier, les grenadiers de la garde arrivèrent en ligne directe de Paris. Ce fut une curiosité pour nous que de les visiter dans les baraques qu'ils occupèrent d'abord à Kamiesh. Quel contraste entre leurs uniformes flambant neufs et nos guenilles ; entre leurs figures rouges de santé et nos mines faméliques !

Je trouvai parmi les visiteurs un groupe de cavaliers montés sur des fantômes de chevaux. Deux ou trois loustics échangeaient à haute voix des observations saugrenues : « Qu'ils sont donc beaux les *guernadiers !* disait l'un. »

— Ce sont des pleins de soupe, disait l'autre ;
la tranchée les aura bientôt dégonflés. » Et
le reste à l'avenant.

Cela se passait non loin d'un superbe officier
supérieur, pincé dans sa capote, chaussé de
bottes à l'écuyère vernies, ganté de blanc, qui
se promenait la cravache sous le bras, comme
il avait coutume de le faire quinze jours auparavant aux abords de l'École militaire. Tout à
coup, la moutarde lui montant au nez, il se
tourna vers les mauvais plaisants : « Avez-vous
bientôt fini, vous autres, de vous moquer de la
garde ? Je vais vous faire arrêter. » Les lazzis
continuant : « Grenadiers, s'écria-t-il, empoi-
gnez-moi ces gaillards ! » Mais l'ordre ne pouvait être exécuté : un véritable marécage dé-
fendant les cavaliers contre toute approche.

La même scène se renouvelait à l'arrivée de
chaque renfort. Elle prenait fin quand les uniformes neufs avaient perdu leur lustre et que
les nouveaux venus s'étaient courbés sous le
niveau de la misère. Néanmoins, la garde, en

raison de ses privilèges, fut toujours en butte aux jalousies des troupes de ligne. De Kamiesh elle vint camper près du grand Quartier général. Au lieu de la soumettre au service des tranchées, on préféra l'employer à l'approvisionnement des batteries de siège. De longues files de grenadiers portaient sur leur tête des obus et des boulets. C'est alors qu'on put lire sur un écriteau : « La garde demeure au quartier général, et ne se rend pas — à la tranchée. »

Malgré cette invite, la garde fut tenue en réserve jusqu'au mois de mars, où l'affaire de nuit, dite du cimetière, lui fournit l'occasion de montrer sa valeur, au prix de beaucoup de sang.

Un jour de fourrage, à la fin du mois de janvier, je vis à Kamiesh un général qui avait une extrême ressemblance avec le maître-bottier de mon ancien régiment de cuirassiers. Même type de figure, même moustache en brosse, même manière de coiffer ses cheveux blancs. Je remarquai qu'il montait fort mal un magnifique cheval barbe, taillé comme un percheron, dont la crinière et la queue tombaient jusqu'à terre. En passant il demanda quelque chose à un officier du train, et sans lui laisser le temps d'achever sa réponse, il le traita d'*espèce* avec une voix de butor qui semblait sortir du nez. C'était le général Pélissier venant de débarquer pour prendre le commandement du premier corps, en remplacement du général Forey.

Touchant ce dernier général, un étrange bruit s'était répandu dans les camps. On disait tout haut qu'il avait été arrêté sur l'ordre du général Canrobert pour cause de trahison, et conduit, sous escorte de la gendarmerie, à bord du vaisseau le *Montebello*, afin d'y être jugé par un Conseil de guerre. Si invraisemblable qu'il parut d'abord à tout homme capable de réflexion, ce bruit n'en fut pas moins accueilli par les soldats et même par beaucoup d'officiers, comme l'absolue vérité.

Déjà, lors de notre arrivée en Crimée, au lendemain de la bataille d'Inkermann, on accusait le général Forey d'avoir manqué l'occasion de prendre la partie sud de la ville, que les Russes avaient dégarnie pour tomber sur les Anglais, et d'avoir causé la mort du général de Lourmel et la perte de beaucoup d'hommes en refusant de soutenir une attaque que ce général avait tentée de son propre mouvement sur le bastion de la Quarantaine.

Les officiers sous les ordres du général Forey lui reprochaient d'être trop sévère. Peut-être ne l'était-il pas assez. Ainsi, quand il surprit, couché dans sa tente, certain général qui avait abandonné sa brigade de garde de nuit à la tranchée, il n'osa pas faire un exemple qui eût coupé court à l'indiscipline de ses subalternes, et peut-être préservé son pays de la *capitulation de Metz.*

Les détracteurs du général Forey lui reprochaient, avec plus de raison, d'avoir flétri, en des termes où les innocents semblaient confondus avec les coupables, des officiers de son corps qui, sous prétexte de maladie, avaient quitté l'armée au début de l'hiver, pour rentrer en France. Quelques-uns même avaient obtenu des récompenses en se faisant passer pour des héros.

Sans nul doute, le départ du prince Napoléon fut un mauvais exemple. Dans les circonstances où nous étions, quand tant de causes exerçaient leur action démoralisatrice, malade ou non, un chef, un prince du sang surtout, devait rester à son poste, coûte que coûte. Dans mon régiment, pas un sous-officier n'entra dans les ambulances que pour y mourir. Un de mes camarades, nommé du Cayla, très malade, demeura plus d'un mois sous sa tente, entre la vie et la mort, refusant obstinément son évacuation.

Quand une armée se démoralise ou se débande, la faute en est toujours aux chefs. Comme les moutons de Panurge, les soldats se règlent sur la tête du troupeau.

Quoi qu'il en soit, le malheureux général Forey, écrasé sous le poids de la calomnie, dut renoncer à son commandement. Quatre ans après seulement, lors de la campagne d'Italie, le combat de Montebello lui permit de se réhabiliter d'une manière éclatante.

Le mois suivant ne changea rien à notre situation; mais on put observer une amélioration notable dans l'armée anglaise. Évidemment l'expérience acquise, se traduisant par des mesures radicales, commençait à produire ses fruits.

Le 20 février, jour du Mardi-Gras, j'eus mon tour de réelle souffrance en revenant de la corvée du fourrage à Kamiesh. La veille, il avait fait beau temps, et le général Canrobert en avait profité pour ordonner la surprise d'une division russe qui se trouvait en l'air à Tchorgoune, village situé sur la Tchernaïa, près de la route Woronzoff, où nous avions poussé deux reconnaissances en décembre.

Plusieurs régiments d'infanterie s'étaient mis

8.

en marche à minuit, éclairés par les chasseurs
d'Afrique, sous les ordres du général d'Allonville. Ces troupes venaient de s'engager dans
la plaine de Balaklava lorsque, subitement, une
épouvantable tempête de neige s'abattit sur elles
et les força à revenir. Mais beaucoup de corps
s'égarèrent dans l'obscurité, malgré les appels
des tambours, et ne retrouvèrent leur camp que
le lendemain. Ce jour, le thermomètre descendit
à 20 degrés.

En revenant de Kamiesh l'après-midi, nous
rencontrâmes un grand nombre de traînards à
la débandade par groupes de trois ou quatre
appartenant à des régiments différents. Le long
des fossés gisaient de distance en distance des
hommes que le froid avait saisis et rendus incapables de continuer leur marche. Des cacolets,
des voitures d'ambulance, un aumônier offrant
son ministère, le sol couvert de neige, le ciel
lugubrement obscur, des oiseaux de proie attendant la curée, complétaient cette scène empruntée à la retraite de Moscou. Deux énormes cha-

meaux, déserteurs de Sébastopol, abandonnés sur le plateau de Chersonèse, dressaient à l'horizon leur silhouette mélancolique, vivante antithèse qui ajoutait à la souffrance générale l'évocation d'un climat plus hospitalier.

Depuis quelques jours un commencement de congélation à l'extrémité du pied gauche m'empêchait de chausser ma botte jusqu'au bout. Il me fut donc impossible de descendre de cheval comme tout le monde pour me réchauffer en marchant. A certain moment la sensation de froid fut remplacée par un besoin de sommeil presque invincible. Aussi me demandai-je sérieusement si je parviendrais jusqu'au bivouac. Quand on me descendit de cheval, il n'était que temps. Une vigoureuse friction des pieds avec de la neige remit toutes choses en état et j'en fus quitte pour porter des sabots.

A propos de cette retraite de Balaklava qui se fût changée en désastre si les troupes avaient eu le temps de s'engager plus loin dans la plaine, l'infanterie agita la question des tam-

bours. Le soldat rendait ces instruments responsables des dangers encourus.

En effet, les tambours trempés par la pluie
et la neige ne s'entendent plus. Aux tranchées,
pour dominer le bruit de la canonnade, on se
servait des clairons, des trompettes d'artillerie et
des sifflets de marine. Mais alors, à quoi bon
les tambours qu'un balle troue, qui exigent un
long apprentissage, coûtent fort cher d'entretien et rendent un grand nombre d'hommes
indisponibles pour le combat?

Cela me fait penser aux shakos, odieuses
coiffures dont s'emplissent les fossés à chaque
entrée en campagne. Dans les campements
d'artillerie, beaucoup d'officiers en avaient sous
leur couchette, en guise de pots de nuit.

J'ai porté le shapska aux lanciers, le shako à
l'école de cavalerie de Saumur, le casque aux
cuirassiers et aux dragons. De toutes ces coiffures, le casque est la seule qui tienne sur la
tête et ne coupe pas le front; le casque a, en
outre, l'avantage de rehausser les figures les

plus vulgaires et d'être, comme la cuirasse, une arme défensive. Les généraux, avec leurs bicornes, ressemblent à des préfets ou à des académiciens; leur tenue de campagne, avec le képi, manque de prestige. Depuis l'antiquité, le casque est par excellence la coiffure des hommes de guerre. On ne trouvera jamais mieux.

L'Algérie a été une mauvaise école pour l'armée française. Le relâchement de la tenue africaine a passé en France sous forme d'une cravate bleue que quelques jours de bivouac changent en chiffon et en réceptacle de vermine. Mieux vaut le petit col noir à boucle que portent encore les officiers, facile d'ajustage et d'entretien, dégageant la tête des épaules et donnant aussitôt à l'homme de recrue la prestance militaire. Quant aux épaulettes et aux guêtres, elles sont nuisibles comme tout ce qui ne sert à rien. Les épaulettes fatiguent outre mesure. En cas d'alerte, on n'a pas le temps de boutonner des guêtres. Si l'on consultait les soldats, on les trouverait unanimes pour réclamer la suppression des épaulettes et le remplacement des souliers avec guêtres par des demi-bottes (1).

La tenue de campagne la plus parfaite est la plus simple et la plus sévère. Un bouton inutile constitue une surcharge aux dépens des cartouches et du pain (2). On pourrait économiser plusieurs millions sur le budget de la guerre, en débarrassant l'uniforme de toutes les superfétations.

Cependant l'armée s'étonnait qu'on la laissât fondre pièce à pièce sans tenter un grand coup. « Mieux vaudrait, disait-on, sacrifier dans un assaut ces milliers d'hommes condamnés à mou-

(1) De toutes les armées européennes, l'armée française, à part la garde républicaine, est encore aujourd'hui la plus mal figotée. Les étrangers s'étonnent qu'une nation qui prétend au monopole du goût, n'arrive pas, en dépit d'incessants changements et d'énormes dépenses, à pourvoir ses soldats d'un uniforme confortable et pratique.

(2) On peut compter 31 boutons sur les dolmans actuellement en usage; 31 chances pour qu'il s'en perde un; 31 chances pour qu'il ne se retrouve pas en campagne; 31 chances pour qu'un bon soldat ait l'air d'un négligent.

rir de froid et d'inanition. » Mais, bien qu'il eût l'oreille tendue vers toutes les nouvelles, le soldat ne connaissait pas le fond des choses et la plupart des officiers n'en savaient pas plus que lui. Les divergences de vues qui régnaient entre les gouvernements alliés sur la conduite générale des opérations, l'incessant désaccord des généraux en chef furent divulgués par les journaux plutôt que par les informations recueillies dans les camps.

On sut également par les journaux que le général Niel, aide de camp de l'empereur, venu de Paris à la fin de janvier, ne s'entendait pas avec le général Bizot, directeur du siège, et avec le général Canrobert. D'après lui, la ville ne pouvait être prise avant d'avoir été complètement investie. En partant de ce principe, il insistait pour une action offensive contre l'armée d'observation qui tenait ouvertes les communications de Sébastopol avec l'empire russe.

Ce plan, applicable au lendemain de l'Alma, avec des forces suffisantes et de la cavalerie, encore applicable après l'hiver, quand de nombreux renforts eurent comblé nos vides, était absolument hors de saison au mois de février. Alors la maladie et la misère nous tenaient cloués au sol. Nous étions assiégés autant qu'assiégeants. Peut-être même l'avantage de l'offensive eût-il été du côté des Russes, si les mêmes causes ne leur avaient infligé la même paralysie.

Toutes ces rumeurs, traversant les camps au moment où l'héroïsme, à l'état permanent, était la condition même de l'existence, achevèrent de démoraliser les hommes dont l'âme n'était pas chevillée au corps. Quant aux ambitieux qui jouaient leur vie à *bancos* redoublés sur ce plateau de Chersonèse, comme sur un tapis vert, la roue de la fortune ne tourna jamais assez vite pour eux : « Cela va trop bien encore, disaient-ils, il faut que les quatre crampons du ciel se détachent pour que nous fassions notre trou. »

Dans l'infanterie, le génie et l'artillerie de

siège, l'avancement était assez rapide. L'incessante canonnade et les combats de nuit semaient, pour ainsi dire, les képis d'officiers sur le sol. Les cavaliers, au contraire, se rongeaient les poings, en piétinant dans la neige, tandis que leurs chevaux raidissaient à la corde et que leurs sabres se rouillaient dans les fourreaux.

D'une manière générale, nous ne savions les incidents du siège que par ouï-dire et les ordres du jour du général Canrobert. Retenus à nos bivouacs par des instructions sévères et la crainte d'une alerte toujours possible, nous ne dépassions guère la Montagne-Verte pendant le jour. La nuit, nous avions les coudées plus franches.

Quand la violence du canon et de la fusillade empêchait de dormir, nous marchions dans la direction du feu. C'est ainsi que j'eus l'occasion de faire, à trois reprises différentes, connaissance avec les tranchées. Elles formaient un dédale où l'on avait toutes les peines du monde à se reconnaître. Rarement on parvenait à rencontrer le but précis de son excursion.

Ce qui me frappa la première fois, ce fut de voir des soldats d'infanterie et d'artillerie dormant debout ou accroupis, tandis que des pièces monstres tiraient à côté et qu'à chaque instant le cri de gare la bombe ! annonçait le danger certain.

La seconde fois, allant à la recherche d'un quartier-maître de marine, en avant du Clocheton, des cris déchirants m'attirèrent vers une ambulance de tranchée. Sur une longue table improvisée, des hommes étendus que charcutaient d'autres hommes armés de couteaux et de scies ; à terre, en tas, des bras et des jambes, non loin, des brancards chargés de blessés attendant leur tour ; du sang partout ; bref, tout l'envers de la gloire. Quelques pipes allumées témoignaient du stoïcisme de certaines victimes et de l'impassibilité professionnelle des chirurgiens.

Les Arabes disent que celui qui n'a pas connu

l'amour, brûlé l'espace sur un cheval fougueux, senti l'odeur de la poudre n'est pas un homme. Cela signifie que la vie n'a de valeur que par la multiplicité et l'intensité des émotions qu'elle procure. Dans le partage des biens de ce monde, c'est le lot du soldat, la récompense des privations, des souffrances et des dangers qu'il endure, de ne s'émouvoir de rien et d'accueillir la mort même avec indifférence, ayant vécu, souvent en quelques heures, tout ce qui vaut la peine de vivre.

La troisième fois, le hasard me rendit témoin d'un combat. C'était dans la nuit du 23 au 24 février. J'avais obtenu la permission d'aller dîner chez des sous-officiers du 2e Zouaves, en compagnie de deux camarades. Nous étions encore à table quand le régiment reçut l'ordre de prendre les armes pour se rendre dans la tranchée, devant la redoute Volhynie, située près du Mamelon-Vert. La recommandation de laisser au camp les fourreaux de sabres-baïonnettes semblait présager une affaire sérieuse.

Bien que je fusse chaussé de sabots, la curiosité m'entraîna sur leurs traces avec mes deux compagnons, jusqu'à ce qu'on nous interdît d'aller plus loin. Nous restâmes longtemps dans l'attente. Tout à coup, à notre droite, éclata un feu roulant de mousqueterie auquel le canon répondit sur toute la ligne. Des clameurs furieuses perçaient le vacarme. Par moments, les ouvrages russes s'éclairaient comme en plein jour ; mais il était impossible de rien distinguer, sauf la silhouette de deux vaisseaux embossés près du ravin Saint-Georges, qui tiraient des volées dans la direction du combat. Survinrent des blessés, appartenant à l'infanterie de marine. « Cela va mal, nous dirent-ils, les zouaves n'en reviendront pas. » Bientôt nous fûmes englobés dans la retraite, où je faillis perdre mes sabots.

Le lendemain, nous apprîmes que les zouaves avaient eu 18 officiers et près de 300 hommes tués ou blessés. Aucun de nos hôtes de la veille n'avait été touché.

L'insuccès de cette attaque de nuit eut dans toute l'armée un douloureux retentissement. Depuis quelque temps nous nous étions substitués aux Anglais à l'extrême droite du siège et nous cheminions dans la direction du Mamelon-Vert et de Malakoff. Mais, tandis que nos travaux s'avançaient vers les Russes, les travaux russes s'avançaient vers nous. La défensive offensive fut la constante tactique de l'ennemi. Pour lui, Sébastopol, ayant ses communications libres au dehors, n'était pas une ville assiégée, mais un champ de bataille, comme un autre, où la victoire finale appartient au plus obstiné.

Bientôt, toutes les positions commandant Malakoff et la rade, qu'il eût été possible d'occuper, sans coup férir, au début, furent couvertes d'ouvrages réguliers, armés de formidables batteries. Ces ouvrages s'élevaient avec une telle rapidité qu'ils semblaient, pour ainsi dire, sortir de terre. Le coup de main du 23 février n'ayant pas réussi à les détruire, les Russes en continuèrent le développement jusqu'à ce que le Mamelon-Vert, qui s'avançait d'abord en saillie, fût compris dans un rentrant flanqué par le Grand-Redan et les redoutes du Carénage. C'était, aux yeux des hommes compétents, la prise de la ville indéfiniment ajournée.

Dans cette campagne de siège, les Russes eurent incontestablement la supériorité. Ils poussèrent jusqu'aux dernières limites toutes les vertus militaires. En outre, la fortune leur procura, dans la personne d'un simple capitaine du génie, l'homme le plus capable de résoudre un problème absolument nouveau dans l'histoire de la guerre.

En écrivant ces lignes, je ne puis m'empêcher de faire cette réflexion qu'avec le moindre Todtleben et la centième partie des travaux de contre-approche exécutés par les Russes devant Sébastopol, la France n'eût point subi les capitulations de Metz et de Paris.

En France, un capitaine Todtleben serait un déclassé. Même pour l'avancement au choix,

les qualités négatives sont seules prises en considération. Les qualités positives dérangent la
routine et portent ombrage : ce sont des dé-
fauts. J'ai eu l'honneur de servir sous les ordres
de plusieurs hommes réellement supérieurs :
aucun n'a obtenu justice. J'ai vu, parmi les soldats, des intelligences naturelles hors ligne aboutir aux compagnies de discipline et au suicide.

Le grand malheur de la France, la principale cause de ses révolutions et de ses désastres
est dans la presque impossibilité pour les
hommes, qui dédaignent le charlatanisme et la
réclame, de prendre leur place soit dans la hiérarchie civile et militaire, soit dans le gouvernement.
Quand les pieds remplacent la tête, tout va de
travers.

Le 6 mars, la nouvelle de la mort de l'empereur Nicolas se répandit dans nos camps. On
en parla comme d'un événement considérable ;
mais personne ne s'attendit à la paix. Après
tant de sacrifices de part et d'autre, les alliés
étaient engagés d'honneur à prendre Sébas-

topol, les Russes à le défendre jusqu'à la dernière extrémité.

Le 16 mars, le temps s'étant mis au beau,
nos bivouacs sortirent de la boue. A partir de
cette époque il redevint possible de changer de
linge et de prendre des habitudes régulières de
propreté. La gaieté reparut sous forme de
chansons ; notre fanfare se remit à jouer, et les
musiques anglaises, ressuscitées, firent entendre de nouveau le *God save the Queen*.

Les travaux de siège furent poussés avec
vigueur. Dès le commencement d'avril, les
alliés et les Russes avaient en batterie près de
deux mille pièces de gros calibre. Presque
chaque nuit était signalée par de sanglants
combats. La mort du général du génie Bizot,
homme d'un caractère antique, tué d'une balle
derrière l'oreille, fut pleurée dans les camps.

Vers ce temps, on fit courir le bruit de l'arrivée de Napoléon III, qui devait, disait-on,
prendre le commandement en chef. Un corps de
réserve l'attendait à Constantinople pour entrer

en scène avec lui. Jusqu'alors le nom du souverain n'avait été prononcé qu'à propos d'un envoi de devants de cuirasses pour protéger les combattants dans les tranchées. Ces cuirasses d'opéra, acceptées par obéissance, restèrent dans les magasins pour échapper aux quolibets du soldat. Bientôt on n'entendit plus parler de l'empereur.

Les flottes alliées changèrent de commandement. L'amiral Bruat succéda à l'amiral Hamelin, l'amiral Lyons à l'amiral Dundas. Durant l'hiver, à part les batteries de siège, servies par des marins, la flotte n'eut pas l'occasion de se signaler. Le 20 avril seulement, on recourut à elle pour bombarder Sébastopol. Cinquante-cinq navires, dont sept vaisseaux de haut bord, lancèrent des masses de projectiles qui causèrent de grands dégâts dans la ville, mais n'avancèrent pas d'une heure le dénouement du siège.

Une expédition dans la mer d'Azov eut plus de succès. Plusieurs forts russes et d'immenses approvisionnements, destinés au ravitaillement de Sébastopol, furent facilement détruits.

Le 24 avril, le général Canrobert passa, sur le plateau d'Inkermann, la revue du 2e corps d'armée auquel nous appartenions. Le temps était superbe. Mon régiment présentait un effectif réduit, mais composé d'hommes à toute épreuve. Les chevaux, ayant repris chair et vigueur, étaient capables de pousser une charge. Cette observation fut faite tout haut à notre colonel par le général Bosquet qui accompagnait, avec Lord Raglan, le général Canrobert. Un groupe de touristes à cheval et plusieurs calèches découvertes, occupées par des dames anglaises, venues de Balaklava, firent sensation dans nos rangs. Il y avait si longtemps qu'on n'avait vu visage de femme, en dehors des cantinières et des viragos de Kamiesh, que la rencontre de quelques jolies *ladies* marqua comme un événement,

Le 8 mai fixa la date du débarquement en Crimée d'un contingent piémontais de 15 mille hommes, sous les ordres du général de La Marmora. Il campa dans la plaine de Balaklava, non loin de l'endroit où les Anglais avaient l'habitude de pendre leurs déserteurs. Ce petit corps était fait pour réjouir un œil de soldat. Ni bleu sur du rouge, ni jaune sur du bleu : un uniforme gris, simple et sévère. Comme discipline surtout, il semblait digne de servir de modèle. Je me souviens que cette impression fut commune à tous mes camarades. Plus d'un présagea, dès lors, les hautes destinées du Piémont.

En même temps que l'armée sarde, de grands renforts arrivèrent en Crimée, provenant d'un corps de réserve rassemblé à Constantinople. Les régiments de cavalerie qui avaient passé l'hiver à Andrinople vinrent également nous rejoindre. Les cuirassiers campèrent près du monastère Saint-Georges. Le 7ᵉ dragons, devant faire brigade avec nous, dressa ses tentes au camp supérieur.

Conformément à l'usage, il y eut échange de réceptions entre les deux régiments. En pareil cas, officiers et sous-officiers s'endettent pour fêter leurs invités. Les repas, dont les menus varient selon les circonstances, sont précédés de verres d'absinthe, arrosés de flots de vin, suivis de punch et de toutes sortes de liqueurs. A mesure que les têtes s'échauffent, on rit, on crie, on chante. Ce sont d'abord des romances sentimentales, où il n'est question que de petits oiseaux, de zéphirs et de roses.

Entre parenthèse, les hommes les plus forts et les plus rudes ont une prédilection pour les mélodies douces et tristes. Napoléon n'aimait que les instruments à cordes ; comme le grand Frédéric, le maréchal Ney se reposait des émotions de la guerre, en jouant de la flûte. Une musique militaire exécutant des airs pleurards, appartient, à coup sûr, à la grosse cavalerie.

Bientôt la romance fait place à des chansons épicées dont quelques-unes sont antérieures à la Révolution, témoin celle qui commence ainsi :

> Avant la bataille qu'on livre demain,
> Ça, faisons ripaille, charmante catin.

A mesure que l'orgie se déchaîne, on convoque la ban et l'arrière-ban des refrains soldatesques. Bouchez-vous, oreilles chastes ! Anges du ciel, repliez vos ailes !

Chaque fois qu'un chanteur se rassied, les assistants l'applaudissent à outrance, et lui répondent en chœur :

> Il a très bien chanté,
> Buvons à sa santé !

ou bien ;

> A Paris, dans un parterre,
> Quand une pièce a réussi,
> On applaudit, c'est l'ordinaire ;
> Amis, faisons de même ici.

Lorsque le 7ᵉ dragons nous rendit notre politesse, j'eus la malchance d'avoir deux voisins qui s'étaient mis en tête de me griser. Sans cesse ils remplissaient mon verre en m'invitant à boire à leur santé ; mais ils roulèrent sur le sol avant d'en arriver à leurs fins.

Les réceptions sont aux soldats ce que les saturnales étaient aux Romains ; une occasion de détente et d'oubli. Honni soit qui mal y pense !

Le 19 mai, tous les camps se réveillèrent en émoi. Un ordre du jour du général Canrobert nous apprenait sans préparation qu'il avait abdiqué le commandement en chef en faveur du général Pélissier, pour reprendre sa place à la tête de sa division. Cette résolution magnanime valut au général Canrobert un surcroît de popularité. Le rôle de juge appartient à l'histoire. En ma qualité de témoin, j'atteste simplement l'affection et la reconnaissance qui attachaient les soldats de Crimée à leur général en chef, en raison de la sollicitude qu'il leur avait prodiguée aux moments les plus critiques de l'hiver. Seuls les généraux Bosquet et Bourbaki partageaient alors avec Canrobert les sympathies de l'armée.

Quant au général Pélissier, on ne le connaissait que sur sa réputation africaine de rigueur et de grossièreté. Depuis qu'il avait pris le commandement du 1er corps en remplacement du général Forey, il n'avait encore rien fait pour attirer l'attention. Supportant mal l'exercice du cheval, il se montrait rarement à ses soldats. Comme général en chef, il lui restait à démontrer sa valeur. Toutefois, on espérait que son caractère intraitable mettrait fin aux tergiversations des conseils de guerre, où la volonté de l'empereur était représentée par le général Niel.

Son début s'annonça par un acte de vigueur qui coûta deux mille hommes, mais qui fut couronné de succès. En deux nuits (22 et 23 mai), il enraya les travaux de contre-approche des Russes du côté du cimetière et du fort de la Quarantaine et les contraignit strictement à la défensive.

Cette nouvelle fut saluée avec joie par la cavalerie. Nous pensions que le général Pélissier, rendu plus libre dans ses mouvements, tenterait sur l'armée d'observation russe, concentrée à Makensie, quelque grande entreprise où nous aurions notre part.

Sur ces entrefaites, mon ami Jacquillon eut une aventure qui lui fit perdre ses galons de brigadier. En passant par le ravin, où se trouvait, comme je l'ai dit ailleurs, une petite source commune aux deux armées, il surprit des marins anglais occupés à laver leurs chemises de flanelle dans la partie réservée, d'un commun accord, pour puiser l'eau à boire.

Une altercation s'engagea qui se transforma en rixe par l'arrivée de renforts aux deux partis. Un Anglais fut blessé d'un coup de bidon. Grave affaire !

Jusqu'alors, nous avions vécu en parfaite harmonie avec nos voisins. De part et d'autre, on n'avait pas eu besoin des recommandations du commandement pour éviter les conflits. Les relations étaient ce qu'elles doivent être entre soldats partageant les mêmes misères et les mêmes dangers, en vue d'un but commun. Pour empêcher les conséquences d'une première rixe, notre colonel crut devoir faire un exemple; il cassa Jaquillon de son grade et le plaça comme simple cavalier au 3e escadron. Cette disgrâce lui coûta la vie en des circonstances que je relaterai plus loin.

# IV

## BALAKLAVA, VARNOUTKA, BAÏDAR, ORKOUSTA, PRISE DE SÉBASTOPOL

Le 15 mai, deux divisions d'infanterie, toute la cavalerie française et trente canons, sous le commandement du général Canrobert, reçurent l'ordre de descendre du camp supérieur dans la plaine de Balaklava, de traverser la Tchernaïa et d'aborder l'armée russe qui paraissait en force sur les hauteurs en arrière du village de Tchorgoune.

On nous fit monter à cheval au milieu de la nuit. En arrivant près de la gorge de Bala-

klava, dont les abords étaient palissadés et couverts de trous de loups, il nous fallut attendre,
pendant des heures, sans mettre pied à terre,
le défilé des troupes de toutes armes. Comme
j'avais monté la garde, la nuit précédente,
cette position incommode ne m'empêcha pas de
dormir. Plus tard, j'acquis une telle habitude
du sommeil à cheval, durant nos fréquentes
marches de nuit, que mon corps se maintenait
en selle, droit comme à la parade, au point
de faire envie à mes camarades qui ne pouvaient pas se reposer une minute, sans se
faire tancer par notre vigilant capitaine.

D'une manière générale on abusait beaucoup
trop, à cette époque, des marches et des combats de nuit. Cette tactique, empruntée à la
guerre africaine, peut convenir à de petites en-
treprises. Appliquée à de grandes opérations
militaires, elle offre moins d'avantages que
d'inconvénients. Une nuit d'insomnie harasse
les hommes et surtout les chevaux plus que ne
le feraient plusieurs jours de marche, à cause

des arrêts et des à-coups qui se produisent nécessairement dans les colonnes. En outre, le
courage ne se manifeste pleinement qu'au
grand soleil. La nuit couvre d'un même voile
l'héroïsme et la lâcheté.

Le temps perdu à la gorge de Balaklava me
suggère d'autres réflexions. Les témoins de la
campagne de 1812, notamment le général Ber-
thezène, dont les souvenirs sont fort instruc-
tifs, constatent qu'avant l'entrée en Russie la
cavalerie de la grande armée était hors de service, parce que Murat, pour le plaisir de la re-
tenir tout entière dans sa main, l'avait ex-
ténuée sur les routes, employant des journées
entières au parcours de deux ou trois lieues.
Un pont, un défilé, quelques voitures embour-
bées arrêtaient indéfiniment de nombreux escadrons.

Un pareil système est fatal à la cavalerie.
L'intérêt de sa conservation, d'accord avec son
rôle militaire, exige qu'elle ne soit déplacée que
pour aller d'un point à un autre dans le plus

court espace de temps avec la moindre dé-
pense de forces.

Des trois allures, celle du pas est la plus fati-
gante, quand elle se prolonge, celle où le
cheval risque le plus d'avoir le garrot et le dos
écorchés par les oscillations et lés ballottements
du cavalier qui s'abandonne.

Le galop doit être être réservé pour les efforts suprêmes.

Reste le trot à l'anglaise comme moyen de
faire route. Avec des chevaux entraînés et fortement nourris d'avoine, on peut parcourir de
très longs trajets à cette allure aux conditions
suivantes : d'adopter une vitesse moyenne ; de
maintenir une distance entre les fractions de
troupes, afin d'éviter les à-coups ; de mettre
pied à terre et de conduire les chevaux par la
bride pendant tout le temps qu'on les laisse
souffler au pas.

Une cavalerie, qui dort sur les routes, est à
coup sûr, mal commandée.

Après avoir, à notre tour, franchi la gorge

de Balaklava, nous arrivâmes lentement, de halte en halte, au bout de la plaine près des monts Fédioukine, où nous attendîmes l'aube. Alors, on nous fit déposer, en tas, toute la surcharge des chevaux : l'orge et les vivres, les effets de cuisine et le campement.

Les monts Fedioukine sont coupés en deux parties inégales par un ravin escarpé que suit la route de Balaklava à Baktchi-Seraï. Ce ravin aboutit au pont de Traktir où fut livrée, au mois d'août suivant, la bataille de ce nom. Deux batteries russes surnommées *Bilboquet* et *Grin-galet*, établies sur les hauteurs d'Inkermann, enfilaient le ravin et le pont que nous devions traverser.

Pour diminuer, autant que possible, les risques de ce passage, le général Morris nous fit gravir à pic la pente gauche du ravin. Cette pénible ascension coupa les jarrets de nos chevaux. Plusieurs dégringolèrent avec leurs cavaliers, entraînant tout ce qui se trouvait au-dessous.

Arrivés sur le plateau, on nous forma en colonne par quatre, le sabre à la main. La fusillade et la canonnade étaient engagées sur notre droite, dans la direction de Tchorgoune. Devant nous, les batteries d'Inkermann tiraient sans interruption. La fumée, mélangée avec la brume du matin, empêchait de rien distinguer.

Dès que les chevaux eurent repris haleine, on partit au galop. Nous passâmes ventre à terre sur le pont de Traktir, en suivant d'abord la route de Baktchi-Séraï, pour nous rabattre ensuite à droite. Plusieurs cavaliers roulèrent dans la poussière. Tout à coup je me sentis dans le vide et j'allai m'étendre violemment sur le sol. Quand je me relevai tout étourdi, la trombe de cavalerie avait passé et mon cheval gisait au fond d'un trou de cosaques sans faire un mouvement. Je le crus tué par un boulet.

Sans perte de temps, je lui enlève la selle et la bride que je charge sur mes épaules. Me voilà courant au hasard avec mon fardeau. Un officier d'état-major passant au galop, m'indique du doigt une direction. Des éclaboussures d'obus le suivent sans le toucher. Je rencontre des cadavres russes. Un cheval broute l'herbe en place, retenant son cavalier mort par l'étrier. C'était la monture d'un officier de cosaques. L'idée me vient de m'en emparer. Je détache l'homme; mais quand je veux monter en selle avec mon attirail, les étrivières sont absolument trop courtes.

Je continue mon chemin en tirant le prisonnier derrière moi. A peine ai-je fait vingt pas qu'un autre cheval passe en hennissant, la queue en trompette. Je ne rêve pas : c'est bien le mien que je croyais mort ! Quelques minutes après je le retrouvai à sa place de bataille, à la droite de l'escadron.

Le régiment avait le sabre à la main, prêt à charger. Je remis ma prise au trompette en serre-file, avec recommandation de ne pas l'abandonner sans m'avertir, et je me hâtai de reprendre mon rang, après avoir resellé ma monture.

L'affaire était finie. Quelques 'bataillons russes seulement avaient été trouvés à Tchorgoune. On brûla leur camp, après les avoir délogés. Nous repassâmes la Tchernaïa à gué, pour bivouaquer à deux kilomètres en arrière, non sans avoir rechargé, en passant, les vivres abandonnés le matin.

Tout compte fait, nos pertes se réduisaient à quelques chevaux blessés. Les cavaliers tombés le matin avaient fait, comme moi, la culbute dans les trous recouverts de branchages et de terre, qui avaient abrité les Russes durant la mauvaise saison. Un sous-officier de mes camarades eut la malchance de perdre son casque dont la jugulaire s'était détachée. Il fut renvoyé par punition au petit dépôt de Kamiesh. Son casque est sans doute à Saint-Pétersbourg.

En échange, il restait mon cheval d'officier de cosaques. Tout le régiment vint le visiter. Le paquetage ne contenait pas grand'chose :

un peu de linge, des effets de propreté, un couvert en ruolz, deux livres brochés en langue
russe et un petit cylindre creux en bois, renfermant quelques roubles en papier. Les officiers
se disputèrent ces objets, ainsi que le harna-
chement, à titre de souvenir.

Dans l'après-midi, un de nos chefs d'escadron me donna l'ordre de faire disparaître le
cheval. « Arrangez-vous comme vous voudrez,
me dit-il ; nous pouvons marcher d'un moment
à l'autre, et cette rosse est un embarras. » Ce
mot de rosse, appliqué à mon prisonnier me
parut dépasser la mesure. Sans rien répondre,
je fis prendre le cheval par mon dragon avec
l'intention de le vendre à Balaklava.

A peine sortis du bivouac, nous rencontrâmes deux officiers piémontais. « Qu'est-ce que
ce cheval ? » me demandèrent-ils. Je leur racontai son histoire ; alors, ils offrirent de l'a-
cheter pour deux cent cinquante francs. J'acceptai sans discussion, heureux d'en finir. Ces
messieurs n'ayant point la somme sur eux, je

chargeai le dragon de les suivre. Mais, à peine
eus-je tourné le dos, que je m'entendis rappeler : « Signor ! votre cheval est borgne. » Vé-
rification faite, il avait une taie sur l'œil. Dire
que ni moi ni personne n'y avions fait attention !

De deux cent cinquante francs, les officiers
piémontais descendirent à cent francs. La bête
valait cinq fois plus, toute borgne qu'elle fût.
Le marché étant rompu, nous continuâmes
notre route.

Aux abords de Balaklava, un Maltais, qui
cultivait des légumes dans un champ, me demanda, en italien, si le cheval était à vendre.
Sur ma réponse affirmative, il vint l'examiner
et, après avoir reconnu qu'il était borgne, en
offrit cent cinquante francs que j'acceptai et
qu'il paya sur-le-champ, en puisant dans une
ceinture passée sous sa chemise. Alors je pous-
sai jusqu'à Balaklava où, conformément aux
mœurs militaires, je m'empressai d'échanger
l'argent contre des victuailles, des boissons et

des cigares. Mais, il était écrit que je ne sortirais d'un embarras que pour tomber dans un autre...

Survient un brigadier de gendarmerie qui me questionne sur un ton peu rassurant. Or, il avait pour consigne d'arrêter les militaires trouvés dans la ville sans permis régulier. Il me rappela aussi que les chevaux pris sur l'ennemi devaient être vendus par le ministère de l'intendance. Me voilà dans de beaux draps! Volontiers, j'eusse abandonné les provisions pour n'être pas reconduit au camp.

Le dragon vint à mon secours : « Si le brigadier, insinua-t-il, venait dîner avec vous à la *popote* de l'escadron. » — « C'est une idée, cela » répondit le gendarme. Il se mit en route avec nous. Ce soir là les sous-officiers du 4e escadron du 6e Dragons firent bombance, et l'on but tellement à la santé du brigadier de gendarmerie qu'il en perdit la tête jusqu'au matin.

Le jour suivant, quel fut mon étonnement

d'apprendre qu'on m'avait infligé quatre jours de garde du camp « pour, ayant promis de compléter sa masse, ne l'avoir point fait, étant possesseur d'une somme provenant d'une prise. » (textuel.) Or je n'avais rien promis. Quelle apparence qu'un soldat en campagne s'engage à compléter sa masse? Néanmoins, j'obéis sans dire un mot. Ce fut ma première punition dans mon nouveau régiment.

J'étais à la garde du camp, quand le colonel Ressayre vint à passer à cheval, et me demanda ce que je faisais là. Je lui racontai toute l'aventure. Il me crut sur parole et me rendit immédiatement la liberté.

J'ai dit assez de bien de mes supérieurs pour qu'il me soit permis de mentionner un de ces cas trop fréquents dans l'état militaire où le droit de punir sans contrôle engendre les plus révoltants abus. Selon qu'un chef se lève de bonne ou de mauvaise humeur il punit à tort et à travers, ou ferme les yeux sur les fautes les plus graves, au grand préjudice de la véritable

10.

discipline, inséparable de la justice. L'acte dont je dus la réparation à mon colonel s'explique par les contradictions et les bizarreries du caractère de son auteur. Peut-être fut-il le premier à le regretter, car il vint un temps où il me traita en ami, autant que le permettait la différence des grades.

Deux ou trois jours après ces aventures, qui dévoilent certains côtés intimes de la vie militaire, notre camp fut porté près de la Tchernaïa, à la hauteur du mont Hasfort. Les Piémontais, ayant derrière eux Omer-Pacha avec une partie de l'armée turque, rappelée d'Eupatoria, vinrent flanquer notre droite.

Toute la cavalerie française occupait dans la vallée de Balaklava la plaine illustrée le 25 octobre précédent par la charge légendaire des Anglais. L'infanterie tenait les monts Fédioukine et la tête de pont établie au-delà de la Tchernaïa pour couvrir le débouché de Traktir. Entre la rivière et les monts Fédioukine passait un canal qui portait l'eau à Sébastopol. Ce canal, ayant été bouché en aval de la plaine, son niveau s'éleva dans une mesure suffisante pour abreuver nos chevaux. Ainsi, nous évitions le risque d'aller jusqu'à la rivière qu'atteignaient facilement les boulets de *Bilboquet* et de *Gringalet*.

Après l'hiver passé sur le plateau de Chersonèse, la plaine de Balaklava nous fit l'effet d'une station de convalescence. Le temps était beau : déjà le soleil commençait à chauffer. Des renforts en hommes et en chevaux avaient rétabli notre effectif. Les vivres et les fourrages arrivaient régulièrement. Les forêts des alentours nous fournissaient le bois des cuisines et les matériaux nécessaires à la construction de huttes. Le soir on échangeait des visites avec les camps voisins. Le refrain des trompettes, le hennissement des chevaux, un coup de canon tiré de temps à autre par les batteries d'Inkermann entretenaient partout l'animation et la gaieté. Tel est le cœur humain qu'un jour heureux fait oublier de longues périodes de misères ! Un nouveau genre de vie, des émotions d'un ordre différent eurent bientôt effacé la trace des souffrances endurées au camp supérieur.

Le général Canrobert n'avait accepté qu'à contre-cœur le commandement des troupes chargées d'occuper la plaine de Balaklava et les abords de la Tchernaïa. Ce but atteint, il insista pour reprendre sa place de simple divisionnaire. Il eut pour successeur le général Morris qui céda le commandement direct de la cavalerie au général d'Allonville.

Le premier acte du général Morris fut d'ordonner une grande reconnaissance dans la vallée de Baïdar par la route de Woronzoff. Notre cavalerie légère poussa en avant et à gauche de cette vallée jusqu'à Orkousta ; à droite, jusqu'aux montagnes qui dominent le cap Laspi. Pendant toute cette reconnaissance, l'ennemi ne fut représenté que par quelques Cosaques.

Notre régiment n'alla pas plus loin que le village de Warnoutka. En marchant sur ce

point, nous vîmes, pour la dernière fois, le général Canrobert. Sa division d'infanterie, qui
faisait partie de l'expédition, ayant évacué la
route pour nous céder le passage, il se tenait
dans une petite clairière, appuyé sur son sabre,
la bride de son cheval passée au bras. Dès
qu'on le reconnut, tous les yeux se portèrent
sur lui. Plusieurs cris de vive Canrobert! le
saluèrent en passant. Il parut touché de cette
manifestation de sympathie. Vers la fin d'août
nous apprîmes sa rentrée en France et son
remplacement à la tête de la première division par le général de Mac-Mahon arrivé
d'Afrique avec la réputation d'un homme de
guerre complet.

La facilité avec laquelle nous avions pris
possession de la Tchernaïa et l'absence d'un
ennemi sérieux dans la vallée de Baïdar, eussent
peut-être permis, à cette époque, une tentative
vigoureuse sur les hauteurs de Mackensie pour
couper l'armée d'observation russe de Sébastopol, et compléter l'investissement de cette

place. L'opération pouvait être conduite sous forme d'une grande reconnaissance qu'on eût poussée à fond en cas de succès, sauf à se replier simplement devant des difficultés insurmontables. Soixante mille hommes au moins étaient disponibles pour une action offensive, en rase campagne, sans compromettre en rien la poursuite du siège.

Une deuxième expédition de la flotte ayant achevé la destruction de tous les magasins russes dans la mer d'Azof, la route de Perekop constituait désormais l'unique lien rattachant Sébastopol à l'empire. Tandis que nous avions des vivres en abondance, les Russes souffraient de la faim. La religion, le patriotisme et l'honneur les soutenaient dans une résistance dont les jours étaient comptés.

Le général Pélissier préféra s'accrocher aux défenses de la ville et enlever de haute lutte, l'un après l'autre, les obstacles amoncelés devant elle. Un premier assaut du Mamelon-Vert, le 7 juin, mit plus de 6 mille hommes hors de combat. Le deuxième assaut, en date du 18 juin, coûta presque aussi cher; mais, cette fois, la position nous resta.

Après l'affaire du 7 juin, on parla beaucoup dans les camps du retard qu'avait mis le général Pélissier à se rendre sur le théâtre de l'action, où lord Raglan l'attendait depuis une heure. Quand il y arriva, le hasard avait donné le signal de l'attaque qu'il s'était réservé, l'affaire était engagée de travers et le succès compromis. Au lieu d'assumer les responsabilités qu'il avait encourues, il s'en déchargea sur deux généraux tués dans l'action, disant qu'il était heureux pour eux qu'ils fussent morts, qu'autrement ils les eût traduits devant un conseil de guerre.

L'histoire (1) a relevé depuis que le général Pélissier, pour se ménager une heure de sommeil, avait sacrifié beaucoup d'hommes inutilement. En opposant la sourde oreille à ses aides de camp, qui cherchaient à le réveiller, il n'a-

(1) Voir Camille Rousset, *Histoire de la guerre de Crimée.*

vait même pas la ressource de rattraper le temps perdu, grâce à la vitesse de son cheval : son équitation étant bornée à l'allure du pas. L'histoire lui aurait pardonné moins facilement si la bataille de Traktir, livrée le 16 août, eût tourné en défaite. Cette fois, le général Pélissier attendit, pour prendre le commandement, que tout fût terminé.

Au lendemain de la première attaque du Mamelon-Vert circula, pour la première fois dans les camps, un mot attribué au général de Todtleben, qui a été souvent répété en 1870 : « L'armée française est une armée de lions commandée par des ânes. » En admettant que ce mot cruel fût vrai, il conviendrait d'en attribuer la raison au système d'avancement en usage et à d'anciens préjugés plutôt qu'à une disette d'hommes. En France, on est honteux d'occuper un poste inférieur; en revanche, on trouve tout naturel d'être inférieur à sa position. Dans toutes les carrières le savoir-faire l'emporte sur le savoir.

C'est, en outre, une vérité commune que la guerre exige, comme la chasse, un entraînement continu depuis la jeunesse. Les plus fameux chefs d'armées se sont illustrés avant l'âge de trente ans. Napoléon a dit un jour de ses lieutenants et de lui-même qu'à quarante-cinq ans ils ne seraient plus propres à la guerre. Or, à l'époque de la campagne de Crimée, très peu de généraux avaient moins de cinquante ans. Sortis des écoles militaires ou des rangs, ils avaient usé, dans les fastidieux détails de la vie de garnison ou dans les bivouacs d'Afrique, tout ce que la nature leur avait départi d'intelligence et de sève. A ces hommes affaiblis dans leur corps et dans leur esprit par l'âge, les fatigues et la routine, on imposait tout à coup le fardeau d'une campagne sans précédents. N'étaient-ils pas en droit de répondre à leurs détracteurs : « Rien ne nous a préparés à la grande guerre, et pour l'apprendre il est trop tard ! »

Cependant, l'armée étendue sur la plaine de Balaklava se consumait dans l'inaction. L'aumône de quelques boulets inoffensifs, lancés par les batteries d'Inkermann aux heures de l'abreuvoir, entretenait seule dans notre esprit l'illusion de la guerre. Une nuit pourtant, le 3ᵉ escadron de mon régiment, où se trouvait mon ami Jaquillon, eut une sérieuse affaire. Cet escadron reçut l'ordre de monter à cheval à onze heures du soir, de passer le pont de Traktir et de sabrer, au lever de la lune, les grand'-gardes ennemies au pied du *Gringalet*. Encore un de ces coups de main, à la mode d'Afrique, indignes d'une grande armée ! Les mystères de Gringalet et de ses abords étaient pénétrables au moyen d'une lunette d'approche. Tuer quelques hommes ; en faire tuer quelques-uns : l'affaire ne pouvait conduire à un autre résultat.

Le général Morris voulait-il nous procurer une amusette ? Cherchait-il un prétexte pour donner de l'avancement et des décorations à quelques favoris ? Entre ces deux suppositions également justifiées par des précédents africains, il n'y a point de place pour une troisième. Trop souvent les sanglants rouages de la guerre sont mis en mouvement pour des causes futiles !

L'escadron désigné se mit en marche à l'heure prescrite. Un grand nombre de curieux, parmi lesquels je me trouvai, le suivit jusqu'au pont de Traktir. Jacquillon me reconnut en passant. Je lui serrai la main, en lui souhaitant bonne chance. Hommes et chevaux s'engouffrèrent dans la nuit.

Pendant quelques instants, nous entendîmes le cliquetis des fourreaux de sabre et le pas des chevaux foulant le sol. L'apparition de la lune fut saluée par une décharge semblable à un feu de peloton. En même temps, le canon de *Gringalet* mêla sa voix à la fusillade. Au bout de quelques minutes, qui nous parurent fort longues, le feu cessa dans la plaine ; mais le canon continua son vacarme sur les hauteurs.

Bientôt il fit silence à son tour. Plusieurs d'entre nous avaient l'oreille contre terre, espérant recueillir quelque indice annonçant le retour de l'expédition; mais on n'entendait plus rien que les hennissements des étalons-barbes des chasseurs d'Afrique et la canonnade lointaine de Sébastopol. L'anxiété était grande autour du pont de Traktir. « Il n'en reviendra pas un seul », s'écria quelqu'un; et personne n'osa le contredire. Enfin, le pas des chevaux retentit lourdement. Tout le monde courut aux nouvelles.

Un trompette, qui revenait à pied, ayant cédé sa monture à son officier de peloton démonté, m'apprit que les avant-postes russes s'étaient repliés à leur approche pour s'adosser contre les hauteurs et répondre à l'attaque par un feu d'ensemble à bout portant. Heureusement, ils avaient visé trop bas et les chevaux reçurent la décharge. Quelques hommes seulement étaient touchés. « Je crois bien, ajouta-t-il, que Jaquillon a son affaire. »

Après avoir dépassé la colonne, je rencontrai plusieurs blessés, parmi lesquels mon ami, que deux camarades soutenaient en selle. Aux gémissements qu'il poussait, je reconnus sa voix. A peine eut-il la force de répondre à mes questions qu'il avait une balle dans le ventre. Le terrain étant désuni, son cheval se mit à trottiner. « Arrêtez, dit-il, qu'on me descende à terre ! » Nous essayâmes de le soulever. « Pas comme cela ; dessanglez et faites tourner la selle ! » Ce furent ses dernières paroles. Quelques minutes après, une pauvre veuve avait perdu son unique fils, et la France comptait un vaillant soldat de moins.

Comme mon ami n'avait pas été tué dans l'action, on le porta, parmi les blessés, sur l'état des récompenses, pour la médaille militaire. Cette médaille parvint à sa mère, qui habitait un village des Ardennes. Un douloureux devoir m'incombait envers elle ; je le remplis jusqu'au bout, conformément au pacte de Bourgas. « Et maintenant, pensai-je, quand tout fut fini, arrive qui plante : c'est bien le diable s'il n'en revient pas un sur trois ! »

Cette affaire de nuit, absolument inutile, coûta

plusieurs hommes et une trentaine de chevaux
blessés. Trois pelotons seulement prirent part
au combat. Le quatrième, s'étant perdu dans
un marécage, ne put se dépêtrer à temps pour
exécuter la marche tournante qu'on lui avait
prescrite. Ce peloton était commandé par un
jeune officier, fraîchement débarqué, M. de
Sibert-Cornillon, que la malveillance rendit
responsable de l'égarement de sa troupe. Dès
le matin, le bruit courut que M. de Sibert avait
fait exprès de manquer au rendez-vous. Il n'en
faut pas davantage pour perdre un homme de
réputation, car rien n'est contagieux comme la
stupidité.

Je me souviens qu'à l'heure du pansage, étant
à me promener avec mon officier de peloton
derrière les chevaux, M. de Sibert vint à lui
profondément ému, disant tout haut : « Savez-
vous qu'on veut me faire passer pour un lâche ?
Ces gens-là seront cause que je me ferai tuer à
la première occasion. » En vain son collègue
s'efforça de le calmer. Peu de jours après, il fut

attaché en qualité d'officier d'ordonnance, à la personne du général Walsin d'Esterhazy, qui commandait la brigade de hussards. Je raconterai plus tard comment ce jeune et brillant officier tint sa parole et dans quelles glorieuses circonstances il trouva la mort à Eupatoria.

La grande chaleur du mois de juin nous valut une recrudescence du choléra. Le scorbut, inconnu jusqu'alors, fit également des victimes parmi les vieilles troupes du siège. La statistique officielle porte à plus de 20,000 hommes, soit au sixième de l'effectif présent sous les drapeaux français, le chiffre des entrées aux hôpitaux, pendant le mois de juin 1855. Aux jours les plus cruels de l'hiver, jamais nos pertes n'avaient monté si haut. Le bruit courut alors qu'on exagérait le nombre des malades pour dissimuler celui des hommes tombés dans les assauts des 7 et 18 juin au Mamelon-Vert.

Parmi les victimes du choléra, figure lord Raglan, généralissime de l'armée anglaise. Il mourut le 28 août, après une courte maladie.

Son corps fut embarqué, dans la baie de Kazatch, sur le même vapeur qui l'avait amené d'Angleterre. Les quatre généraux en chef des armées alliées et tous les officiers disponibles suivirent sa dépouille mortelle jusqu'à bord, à travers une haie de troupes formée de détachements de toutes armes. Le général Simpson, le même que le gouvernement de la Reine avait envoyé, en 1854, pour faire une enquête sur la mortalité des troupes anglaises, remplaça lord Raglan.

Au mois d'août, l'armée apprit qu'en vertu d'un décret, chaque année de service en Crimée compterait pour deux. Cette mesure ne toucha que les hommes des classes qu'aucun noble sentiment n'attachait au drapeau. Plus d'un soldat se réengagea sans nul espoir d'avenir, simplement pour rester avec ses camarades jusqu'à la fin de la guerre ou, tout au moins, pour assister à la prise de Sébastopol.

Vers ce temps, la division de cavalerie du général d'Allonville, composée des 6e et 7e Dragons, des 6ᵉ et 9ᵉ Cuirassiers, alla s'établir en pointe avancée à Varnoutka, village situé à droite de de la route Woronzoff, non loin du débouché de cette route dans la vallée de Baïdar. La chaleur était accablante ; il pleuvait rarement ; par fortune un ruisseau nous fournissait l'eau des sources voisines et les forêts nous permettaient d'établir facilement des abris de branchages. Nos grand'gardes bivouaquaient aux abords du château de Woronzoff ; même nous avions, pendant le jour, une sentinelle sur le belveder de ce château pour surveiller la plaine.

Tous les matins nous faisions des reconnaissances vers la haute Tchernaïa, sans voir d'autre ennemi que des cosaques fuyant à notre approche. Néanmoins, ces cosaques nous rendaient la vie dure. Presque chaque nuit, ils nous donnaient des alertes qui nous obligeaient à lever le camp, comme si nous avions eu devant nous une armée. Des bottes d'herbes sèches, au bout de perches élevées de distance en dis-

tance sur les hauteurs, leur servaient de télé-
graphes. La nuit, ils transmettaient leurs si-
gnaux en mettant le feu à ces herbes.

Le général d'Allonville n'était pas d'un caractère à se laisser surprendre par de fausses
démonstrations qui endorment la vigilance
jusqu'au jour où l'on se réveille avec l'ennemi
dans son camp. Comme homme de guerre, il
était de l'école des Lecourbe : tout à fait à sa
place à l'avant-garde dans un pays montagneux ;
sans compter qu'il était sans rival pour remuer
une cavalerie. Les cosaques étaient constamment traqués par nos reconnaissances.

Un jour, ce fut le tour d'un officier d'état-
major, faisant son stage au régiment, de prendre
la tête. Il cria : « Peloton en avant ! Pas accé-
léré ! » Ce commandement de fantassin fit rire
les dragons ; mais le colonel se fâcha et fit
partir à sa place un autre officier.

Au bout d'un quart d'heure, le nouveau peloton surprit un poste de cosaques endormis dans
une clairière. Il y eut un simulacre de combat

où l'on s'empara de quelques chevaux. Un des cosaques, qui ne voulut ni fuir ni se rendre, fit preuve d'un courage extraordinaire. Armé de sa lance, il tint ferme, comme un sanglier dans sa bauge, contenant les assaillants à distance, jusqu'à ce qu'il tombât mort, criblé de coups de fusil et de pistolet. On dit alors que le général d'Allonville signala l'héroïsme de ce cosaque au prince Gortschakoff, qui le célébra dans un ordre du jour à l'armée russe, L'officier du peloton d'avant-garde reçut la croix en place de son collègue de l'état-major. A quoi tient la destinée ?

Nous ne restâmes pas longtemps à Varnoutka. Malgré les commodités de ce bivouac et sa proximité de la plaine de Balaklava, sur laquelle nous pouvions nous rabattre, en cas de surprise par des forces supérieures, le général d'Allonville nous porta en avant dans la plaine de Baïdar, où la cavalerie pouvait se déployer à l'aise. Deux mamelons, commandant l'accès de nos bivouacs, furent occupés par des bataillons de zouaves et de chasseurs à pied. Face à l'intervalle, les dragons campèrent en première ligne ; les cuirassiers en réserve. Une attaque nous eût trouvés prêts à combattre.

Dans cette position, nous tournions le dos à Baïdar, situé non loin des montagnes qui dominent la mer. Les villages tartares sont, comme les villages bulgares, formés de huttes en bois, entourées de grossières palissades. De même, les habitants se ressemblent par leurs mœurs agricoles et paisibles. Ce sont de pauvres gens par comparaison avec nos paysans. Comme ils mangent leurs chevaux, on peut mesurer leur aisance relative au nombre de crânes chevalins exposés sur le front de chaque habitation.

Le village de Baïdar ne fournit pas grand' chose à notre subsistance : des œufs, du miel, quelques volailles. Les magasins de l'armée pourvoyaient à nos besoins essentiels. Des amoncellements de fourrage et de vivres nous suivaient dans nos déplacements, comme en plein désert d'Afrique.

Pourtant la plaine de Baïdar dépasse en richesse naturelle ce que l'on peut imaginer. De même, au point de vue pittoresque, cette partie de la Crimée est remarquable. Je me souviens que, dans une reconnaissance sur la route de Livadia par Aloupka, après avoir gravi la pente extérieure de la montagne et passé par une tranchée ouverte au sommet, nous trouvâmes subitement devant nous le panorama d'une vallée bornée par la mer. Un Ah! général d'admiration s'échappa de toutes les poitrines. Dans mes pérégrinations à travers le monde, j'ai vu bien des paysages : aucun ne m'a laissé une pareille impression.

Notre séjour à Baïdar ne fut jamais sérieusement inquiété. Seuls, les Cosaques s'amusaient à nous mettre en alerte. La nuit on ne sait jamais à qui l'on a affaire et quelques coups de feu empêchent le sommeil de tout un camp. Je me suis souvent demandé ce que fût devenue l'armée allemande devant Paris si cette ville eût eu pour gouverneur un simple cosaque. Des sorties nocturnes sur tous les points de la périphérie, entrecoupées d'attaques à fond, en mettant l'ennemi sur les dents, eussent amené la levée du siège bien plus sûrement qu'une armée de secours. Aucune troupe ne résiste à d'incessantes alertes, surtout de nuit et en hiver.

Fatigué de faire la chasse à d'insaisissables cosaques, le général d'Allonville porta de nouveau notre bivouac en avant, au-delà de la Tchernaïa supérieure, près du village d'Orkousta. Là, nous étions parfaitement en l'air et pour peu que l'armée russe d'observation eût envie de nous combattre, nous lui en offrions l'occasion la plus favorable à proximité de ses camps. Aussi faisions-nous bonne garde. Nous avions des avant-postes aux principaux débouchés, et des vedettes à toutes les issues de la montagne boisée qui fermait l'horizon. En outre, le général d'Allonville entretenait un espionnage bien organisé, servant aussi à transmettre des renseignements utiles au grand quartier général.

Jugeant les choses rétrospectivement, je trouve que nous avons été heureux de nous tirer sans bagarre de la position d'Oïkousta. Souvent, quand nous étions de grand'garde sur la lisière des bois, j'ai entendu dire au capitaine Raabe qu'il suffirait d'un détachement d'infanterie pour nous cerner. Personne, sous ses ordres n'avait le droit de dormir, ni même d'ôter son casque.

Chaque matin, à la même heure, un escadron partait en reconnaissance jusqu'au sommet de la montagne, en suivant un chemin raviné, bordé de forêts. Rien n'était plus facile que de lui couper la retraite au moyen d'un abatis d'arbres. A certain endroit, le chemin s'ouvrait en fourche.

Toujours avant de s'engager à droite, le chef d'escadron commandant préposait un sous-officier avec quelques hommes à la surveillance de la bifurcation. Un jour que j'occupais ce poste, je gravis à pied un point culminant, d'où je découvris, de l'autre côté d'un profond ravin, sept ou huit chevaux dont les cavaliers [dormaient en plein air. Quand le commandant revint, je lui proposai d'enlever les cosaques avec quelques volontaires. Il me répondit que si le général donnait suite à son rapport, on me confierait l'exécution de ce coup de main. Mais l'affaire en resta là.

Pendant cette période d'action, l'état sanitaire du régiment fut aussi bon que possible. Quelques cas de choléra, quelques insolations limitèrent nos pertes. Les cuirassiers, campés en réserve derrière la rivière, ne participant pas au service des reconnaissances et des grands-gardes, n'ayant rien à faire que de soigner leurs chevaux, offrirent plus de prise aux maladies. L'oisiveté, qui engendre la démoralisation, est le pire fléau des soldats. Ce n'est pas sans raison que les légionnaires romains étaient constamment occupés à fortifier leurs camps, à construire des routes et à creuser des canaux.

Cependant l'armée russe finit par donner

signe de vie. Un jour on reconnut quelque infanterie sur un plateau de la montagne qui nous
séparait d'elle. Le général d'Allonville prit des
dispositions de combat. Mon escadron fut commandé d'escorte à l'artillerie. Près du village
d'Orkousta, se trouvait un mamelon à pic où
l'on fit grimper les pièces. Tandis que nous
étions rangés à mi-côte, une de ces pièces dé-
gringola, menaçant de nous écraser. Ce fut
notre seule émotion. Comme toujours nous rentrâmes sans avoir mis le sabre à la main. Rien
n'est plus énervant que de passer des journées
entières à cheval avec armes et bagages, sous
un soleil torride, sans jamais rencontrer l'ennemi.

Le 15 août, nous fîmes, pour la première
fois, une grande reconnaissance offensive sur
ce même plateau central. Cette fois l'infanterie
vint avec nous. Deux chemins conduisaient à
notre but : l'un, à gauche de la vallée, que suivaient chaque jour nos petites reconnaissances;
l'autre, à droite, que l'on avait négligé jusqu'a-

lors, parce qu'il était presque impraticable. Mon escadron suivit ce dernier. Un détachement de zouaves marcha devant nous, en éclaireurs. La chaleur était suffocante. Hommes et chevaux, montant la côte, ruisselaient de sueur.

Vers le milieu du jour, un des zouaves s'assit sur le bord du chemin, déclarant qu'il n'en pouvait plus. Son officier, un des types militaires les plus intelligents et les plus mâles dont je me souvienne, revint en arrière et l'engagea à reprendre son rang. Le soldat obéit. Cent pas plus loin, il s'assit de nouveau. « Allons ! lui dit l'officier, un peu de courage ; nous arrivons. » Le soldat obéit encore ; mais, cette fois, sa marche devint chancelante, comme celle d'un homme ivre. Un instant après, il tomba, pour ne plus se relever. Alors, ses camarades le rangèrent contre un talus et emportèrent ses armes. Quand nous arrivâmes au sommet de la côte, le général d'Allonville, mis au courant, ordonna d'envoyer deux cavaliers à la recherche. Comme le temps s'écoulait, mon capitaine me dit d'aller voir ce qui se passait. J'arrivai rapidement près du zouave. Il était couché contre le talus, ses yeux bleus grands ouverts, bras et jambes étendus. Le spectacle de cet homme mort, victime du devoir obscur, me remua profondément. Alors, seulement, je remarquai sur sa poitrine l'aiguilette et la grenade d'argent, marques distinctives des tireurs d'élite.

Au même instant j'entendis dans l'intérieur du bois, le pas des chevaux et la voix des deux dragons. Ils s'étaient trompés de chemin. Je les hélai. Quand ils me rejoignirent, nous plaçâmes le cadavre en travers d'un cheval pour le transporter au sommet du plateau. Les zouaves l'enterrèrent dans une fosse creusée avec leurs sabres-baïonnettes, au milieu d'un silence ému, plus éloquent qu'une oraison funèbre.

J'ai souvent regretté de n'avoir point recueilli le nom de cet homme. A plus de trente ans de distance, son image toujours vivante dans ma mémoire, m'apparaît avec celle de ce cosaque qui préféra combattre jusqu'à la mort, seul contre une troupe, plutôt que de se rendre, comme la plus magnifique incarnation de l'héroïsme militaire.

Les hommes et les chevaux étant reposés, nous suivîmes, à gauche, la crête de la montagne jusqu'au point central. Là, nous eûmes la vue de plusieurs vallons du versant opposé. Nulle trace d'une armée russe, sauf des avant-postes, dissimulés sous bois, qui tirèrent sur nous de bas en haut: le reflet de nos casques leur servant de cible. Les balles sifflant dru, on nous fit mettre pied à terre pour éviter des pertes inutiles. Les zouaves reçurent l'ordre de riposter. Cette escarmouche ne servit qu'à ramener quelques blessés sur nos cacolets d'ambulance. Il n'y avait rien à faire qu'à rentrer au bivouac, où nous arrivâmes vers cinq heures du soir.

Une heure après, comme nous venions d'abreuver nos chevaux, la sonnerie à cheval partit de l'état-major. En même temps on nous prescrivit de lever le camp. Après l'expédition infructueuse de la journée, c'était à n'y rien comprendre. Néanmoins, on renversa les marmites, et l'on abattit les tentes. Cette opération, fort simple, quand on change tous les jours de bivouac, se complique quand une troupe est restée quelque temps au même endroit. Alors, il y a des paquetages défaits, des manteaux déroulés, des armes démontées, du linge mouillé, des monceaux de vivres et de fourrage ; bref, il s'agit de retendre tous les ressorts plus ou moins relâchés. C'est en cela que se distinguent les vétérans.

Vingt minutes après, nous étions en selle, ayant toute la provision d'orge en sacs, en travers de nos chevaux. On mit le feu aux fourrages. Nous battîmes en retraite par échelons, comme en présence de l'ennemi. Deux gués assuraient le passage de la Tchernaïa supérieure à l'endroit où elle sépare la vallée d'Orkousta de celle de Baïdar. La rivière franchie, on nous forma en bataille, l'infanterie appuyée aux contre-forts de la vallée, l'artillerie au centre, sur une éminence, d'où ses pièces battaient les gués, la cavalerie remplissant les intervalles, ayant devant elle un champ suffisant pour la charge.

Ces dispositions prises, nous mîmes pied à terre, en attendant les événements. La nuit tomba. A la lueur de nos fourrages incendiés, nous vîmes des cosaques à la maraude dans notre ancien camp; mais, depuis longtemps, nous avions perdu l'habitude de semer nos effets sur le terrain.

L'ordre portait défense de desseller et de faire du feu. On débrida successivement les chevaux pour leur donner l'orge. Chaque cavalier dîna comme il put avec du biscuit trempé dans du vin; j'eus, de plus, un œuf dur, cadeau de mon officier. Avec le café du matin, ce fut l'unique repas de la journée.

Remarquons, en passant, que, d'une manière générale, l'armée française est trop esclave de la soupe ; j'entends la soupe au bœuf dont la préparation exige du temps. Or, le temps, à la guerre, appartient surtout à l'ennemi. A la moindre alerte, il faut renverser les marmites, et le soldat *se brosse le ventre*, comme il dit dans sa langue imagée. Le saucisson de pois des Allemands et les conserves similaires ne demandent que le temps nécessaire à l'ébullition de l'eau pour fournir de la soupe ; au besoin, on les mange sur le pouce. Les Anglais transforment leur viande fraîche en *beefsteak*. Les Turcs, en campagne, la coupent en petites tranches qu'ils embrochent au moyen de baguettes en bois ; ce qui permet de la manger presque immédiatement. Ce procédé me semble le plus pratique et le plus expéditif en présence de l'ennemi ; il a, en outre, l'avantage d'économiser les feux.

On a tort de ne pas exercer les soldats à improviser leur nourriture, dans les conditions les plus défavorables, comme on les exerce à combattre sur les terrains accidentés. Tous les grands généraux ont eu ce souci. Selon la remarque de Xénophon (Cyropédie), le succès à la guerre dépend beaucoup plus de l'entretien des troupes que de l'art de les ranger en bataille. Une armée à jeun est, pour ainsi dire, vaincue d'avance par un ennemi régulièrement nourri.

Nous passâmes la nuit, casque en tête et la bride au bras, sans pouvoir deviner la cause de tant de précautions. Vers quatre heures du matin seulement, le mystère s'éclaircit. Le bruit d'une formidable canonnade nous arriva tout à coup à travers l'encaissement de montagnes, où coule la Tchernaïa supérieure avant de déboucher à la lisière de la plaine de Balaklava. A l'intensité du feu nous comprîmes qu'une bataille était engagée entre Tchorgoune et Traktir. Dans la situation où nous nous trouvions, en l'air, à l'extrême droite de l'armée, notre petit corps constituait un des enjeux de cette bataille. En effet, si les Russes s'emparaient des monts Hasford, occupés par les Piémontais, ils auraient dans leurs mains la clé de notre principale porte de retraite.

Le feu augmentant toujours, le général d'Allonville nous replia sur la plaine de Baïdar, Là, près du débouché de la route Woronzoff, se trouvaient nos magasins. Soit par ordre, soit autrement, ces magasins furent livrés au pillage, comme si, l'ennemi étant victorieux, on eût perdu l'espoir de les conserver. Cependant, il nous restait, pour nous retirer, à défaut de la route Woronzoff, celle qui aboutit à la mer aux environs d'Aloupka, où la flotte pouvait nous recueillir.

En attendant, on nous disposa de nouveau en bataille. Vers huit heures du matin, le feu s'affaiblit. Une heure après, nous sûmes que les Russes étaient repoussés. Alors, seulement, la lumière se fit.

Les Russes comptant que, le 15 août, jour de la fête de l'empereur, les Français se livreraient à des réjouissances, qui les empêcheraient de combattre le lendemain, avaient choisi la date du 16 pour prendre leur revanche d'Inkermann. Dans ce but, 70 mille hommes, dont

5 mille cavaliers descendirent des hauteurs de Mackensie avec 300 canons. Avant de diriger ces forces entre Tchorgoune et la vallée d'Inkermann, le prince Gortschakoff détacha quelques troupes de notre côté pour simuler une diversion. L'apparition de ces troupes, signalée par nos espions, avait motivé notre grande reconnaissance du 15 et notre retraite en arrière de la Tchernaïa. En même temps qu'il avait pris ses dispositions en vue d'une attaque, le général d'Allouville s'était empressé d'avertir le commandant en chef de la bataille certaine dont la Tchernaïa inférieure serait le théâtre le 16 au matin.

Quelle fut notre stupéfaction en apprenant que la bataille de Traktir avait commencé par une surprise ! Les Russes franchirent la Tchernaïa à gué, l'aqueduc sur des ponts volants et gravirent la position centrale des monts Fedioukine tellement à l'improviste qu'ils tuèrent, à coups de baïonnettes, des hommes endormis dans leurs tentes. Beaucoup d'officiers, ayant passé

la nuit dans les camps voisins, les soldats cou-
rurent au feu, pêle-mêle, sans aucune direction.
18 pièces seulement furent mises en batterie de
notre côté ; 30 pièces de l'artillerie de réserve
demeurèrent longtemps inactives. Las d'attendre des ordres, le colonel Forgeot prit sur lui de
les mettre en position de manière à prendre les
Russes en écharpe, à distance de mitraille. Quant
au général Pélissier, averti dès la veille, il n'avait
paru sur le champ de bataille qu'à huit heures
du matin, sous prétexte de réunir des renforts
et de préserver les travaux du siège contre une
sortie. Enfin, les Russes s'étaient retirés à leur
aise, sans que les masses de cavalerie, couvrant
la plaine de Balaklava, eussent été lancées sur
leurs colonnes en désordre.

Ces faits étaient ouvertement discutés dans
les camps. Pas un caporal qui ne comprît que
nous avions manqué l'occasion d'une victoire
décisive. En effet, sachant le 15 août, au soir,
qu'il devait être attaqué le 16 au matin, rien
n'empêchait le général en chef de prendre ses

dispositions pour céder aux Russes une partie du terrain, en vue de les écraser ensuite dans la plaine de Balaklava. La première chose à faire n'était-elle pas de rallier notre division pour l'avoir sous la main, au lieu de l'exposer, en cas de revers, à être coupée de sa base d'opérations?

La victoire de Traktir n'a pas été commandée; comme tant d'autres, elle est due aux soldats.

Une dépêche à porter au général Herbillon me procura l'occasion de longer le champ de bataille dans l'après-midi du 18 août. Il y avait suspension d'armes pour l'enterrement des morts. Cette opération, par suite d'un malentendu, était en retard de deux jours. Dans la partie comprise entre la rivière et l'aqueduc on voyait des monceaux de cadavres. En amont du pont de Traktir, au-dessous d'un mamelon détaché des monts Fedioukine, l'aqueduc en débordait. Une odeur pestilentielle se dégageait de ce charnier. Les Russes avaient perdu plusieurs généraux et 7 à 8 mille hommes dont 1,600 blessés recueillis dans nos ambulances. Nos pertes furent de 1,500 hommes et celles des Piémontais, qui s'étaient vaillamment battus, en arrière de Tchorgoune et de Karlova, de 250.

En résumé, la bataille de Traktir, offerte à l'armée française en des conditions à peu près semblables à celle d'Austerlitz, au lieu d'aboutir à un triomphe éclatant, permit simplement de constater que les Russes, malgré leur bravoure, étaient hors d'état de nous chasser de nos positions.

Au lendemain de la bataille de Traktir, la cavalerie du général d'Allonville reprit son bivouac d'Orkousta.

Vers la fin du mois d'août, pendant la nuit, une violente saccade de la terre nous réveilla en sursaut. Nous apprîmes, le lendemain, qu'une de nos redoutes, près du Mamelon-Vert, avait sauté, sans qu'on sût pourquoi, avec 7 mille kilogrammes de poudre et un approvisionnement d'obus de gros calibre.

Dans la nuit du 7 au 8 septembre, nous reçûmes l'ordre de nous replier dans la plaine de Balaklava. Cet ordre ne pouvait s'expliquer que par l'imminence de l'assaut. Depuis deux jours, la coulée de la Tchernaïa nous apportait le vacarme de deux mille deux cents pièces de gros calibre, tirant sans interruption. De temps à autre, une détonation particulièrement retentissante faisait trou dans ce concert, comme un coup de grosse caisse au milieu d'un roulement de tambours. C'était une poudrière, ou bien un vaisseau de haut bord, qui sautait. Une épaisse fumée obscurcissait le ciel et répandait sur la terre un brouillard nauséabond.

En arrivant sur la Tchernaïa, nous trouvâmes l'armée sur pied. On nous forma, face à la rivière, à la droite de l'infanterie. La canonnade était infernale. La terre tremblait sous les pieds des chevaux. Vers neuf heures, le feu se ralentit. A onze heures, il reprit avec une nouvelle violence. A midi juste il cessa. L'assaut commençait. On nous fit mettre le sabre à la main, bien qu'il n'y eût aucun ennemi devant nous, sans doute pour rendre honneur à ceux qui se ruaient dans la mort.

Nous restâmes ainsi longtemps, l'oreille tendue vers Sébastopol. A trois ou quatre heures, la nouvelle arriva que Malakoff était pris, mais que les Anglais avaient échoué devant le Grand-Redan.

Depuis l'origine du siège, Malakoff était considéré, par le soldat, comme la clef de Sébastopol. Aussi, quand l'ordre arriva de mettre pied à terre, y eut-il une explosion de joie. Deux noms s'échappaient de toutes les bouches : « Malakoff! Mac-Mahon! »

Pendant la nuit suivante, le ciel se remplit de flammes. De formidables détonations nous interdirent le sommeil. Les Russes incendiaient leurs magasins, faisaient sauter leurs poudrières et leurs vaisseaux, en même temps qu'ils évacuaient la ville et se retiraient par un pont flottant de l'autre côté de la rade, ne laissant derrière eux, selon l'expression du prince Gortschakof, que des ruines ensanglantées. Le lendemain dévoila toutes les conséquences de la prise de Malakoff, telles qu'un vieux zouave les avait déduites neuf mois auparavant. Sébastopol était à nous !

Les officiers, que le service ne retenait pas au camp, s'empressèrent de visiter la ville ; puis, on accorda la même permission aux sous-officiers et aux soldats.

Je me rendis directement à Malakoff, en passant par le camp des Moulins et le ravin du Carénage. Chemin faisant, je rencontrai un officier portant l'uniforme des guides. C'était le marquis de Galiffet, dont on vantait dès lors les brillantes qualités militaires.

Quand j'arrivai entre le Mamelon-Vert et Malakoff, les cadavres étaient presque tous enlevés. Quelques brancardiers, en manches de chemises, achevaient paresseusement leur besogne, en fumant leurs pipes. Une épaisse couche de boulets, de fragments de bombes, de fusils brisés, de baïonnettes tordues, de gibernes

et de toutes sortes de débris rendait difficile le
passage de mon cheval. Ses pieds s'enfonçaient
dans la terre gorgée de sang. Partout des batteries éventrées, des gabions dispersés, des affûts
en pièces, des canons sens dessus dessous. Mais
ce spectacle n'était rien en comparaison de celui
de Malakoff. Aucune plume ne saurait décrire
les horreurs accumulées dans cet ouvrage par
la ruine, la destruction et la mort. Alors me
revint à la mémoire le « je ne sais quoi qui n'a de
nom dans aucune langue, » dont parle Bossuet.

Les fossés regorgeaient de cadavres; les embrasures des pièces en étaient bouchées; à l'une
d'elles pendaient deux Russes, la tête en bas,
les cheveux hérissés, atroces à voir. Après avoir
franchi l'entrée, à la suite d'une prolonge d'artillerie, je m'engageai dans un véritable dédale
de traverses blindées. Tantôt le hasard me conduisait à des recoins couverts de cadavres abso
lument nus et déjà tuméfiés, tantôt aux embrasures où Français et Russes s'étaient entre-tués
et entre-assommés à coups de baïonnettes, de

leviers et d'écouvillons. Là, j'eus l'idée de
prendre le quart en fer-blanc qu'un sergent de
chasseurs à pied portait accroché à son bidon.
Entre parenthèse, ce souvenir, auquel j'atta-
chais grand prix et sur lequel j'avais gravé le
nom de Malakoff, me fut volé quelques jours
après.

En sortant de ce lieu d'enfer, je me dirigeai
vers le faubourg de Karabalnaïa. En certains
endroits, il était impossible de passer sans faire
un long détour. Derrière la courtine, qui reliait
Malakoff au Petit-Redan, les Russes gisaient
alignés comme au cordeau. Il y avait, parmi les
officiers, beaucoup d'enfants de seize à dix-huit
ans dont les visages de jeunes filles endormies,
semblant goûter la mort, selon l'expression
biblique, contrastaient avec ceux des hommes
tués en première ligne où l'on pouvait lire, en
caractères effrayants, tout le paroxysme de la
guerre, toute la gamme des sentiments compris
entre l'héroïsme et la peur.

Le faubourg de Karabelnaïa n'existait, pour

ainsi dire, plus. Toutes les constructions étaient en ruines. Le fort Paul, que les Russes avaient fait sauter, couvrait le sol de ses miettes. De la flotte de Sébastopol il ne restait rien que des tronçons de mâts émergeant de l'eau. En revenant en arrière, je remarquai, près de la baie, les ruines d'un grand magasin de l'armée. Une porte béante laissait voir un escalier plongeant dans le sous-sol. Arrive un cantinier de mon régiment. Je lui remets mon cheval et je descends dans une grande salle voûtée, remplie d'effets militaires. Des casques en cuir bouilli étaient étagés sur des planches contre la muraille. Au milieu d'un fouillis d'objets, je découvre une lame de feutre. « Voilà, pensai-je, qui fera mon affaire pour me préserver de l'humidité du bivouac. » Tandis que je m'avance à la conquête de ce butin, un coup formidable ébranle la voûte, puis un second, puis un troisième. Je crois que tout va sauter. Au même moment, j'entends une voix qui me crie du haut de l'escalier : « Apportez-moi quelque chose pour ma Joséphine! » J'avais mon feutre; j'y joignis un casque pour la femme du cantinier. En revenant au jour, je m'enquis du vacarme qui avait si fort impressionné l'écho de la voûte souterraine. Il provenait d'énormes mortiers russes que notre artillerie avait disposés le long de la rade pour tirer sur le fort Catherine situé de l'autre côté.

Ayant repris mon cheval, je m'avançai le long de la baie du sud avec l'intention de gagner la ville, en passant derrière le Grand-Redan; mais je rencontrai tant d'obstacles que je dus renoncer, pour cette fois, à compléter mon excursion. A force de tours et de détours, je finis par trouver une issue de retraite entre le Grand-Redan et la batterie Gervais. Là, je tombai sur un vrai bazar en plein vent. Des objets de toute nature : meubles, pendules, tableaux, instruments de musique, etc., jonchaient le sol, sous la garde de sentinelles. Un officier me demanda, comme à une douane-frontière, si je n'avais rien à déclarer. Je lui montrai mon feutre et une pioche ramassée dans les tranchées. « C'est bien, dit-il, passez! » J'appris alors qu'après l'évacuation de la ville, des pillards s'y étaient précipités et que, pour enrayer le mal, un ordre du général en chef avait prescrit la confiscation du butin.

Je rentrai sur la Tchernaïa aux approches de la nuit, profondément impressionné par ce que j'avais vu. Le souvenir de ces enfants alignés dans la mort, entre Malakoff et le Petit-Redan, me poursuivit tout le long du chemin, et je me demandai, pour la première fois, si la prise de Sébastopol pouvait compenser les larmes de tant de mères.

Mon feutre me fut de grande utilité pendant le reste de la campagne. En route il servait, sous la couverture, à préserver le dos de mon cheval contre les atteintes de la selle; au bivouac, il me tenait lieu de matelas. Les hommes de mon peloton se disputèrent la pioche, comme si elle eût été d'or massif : tant il est vrai que la valeur des choses ne tient pas à leur nature, mais aux circonstances !

Le lendemain de la prise de Sébastopol, le général Pélissier avait été nommé maréchal de France. Plus tard, l'empereur le créa duc de Malakoff. Ce titre revenait de droit au général de Mac-Mahon. Sans son indomptable énergie, sans l'aveugle confiance qu'il inspirait au soldat, l'assaut de Malakoff eût été repoussé comme tous les autres et l'évacuation de Sébastopol indéfiniment ajournée. Sur ce point le jugement de l'armée française s'accordait avec celui des généraux russes.

On connaît le fameux : « J'y suis ; j'y reste ! » Le trait suivant est moins notoire. Après l'assaut, l'inquiétude se manifesta parmi les vainqueurs au spectacle des explosions qui se produisaient à l'entour. Alors, le général de Mac-Mahon ne garda près de lui qu'une brigade et renvoya le reste aux tranchées avec ordre, si Malakoff venait à sauter, de se précipiter immédiatement sur l'entonnoir. Un tel acte de crânerie ne pouvait qu'augmenter le fanatisme que cet homme de guerre inspirait à l'armée.

Le premier mouvement d'enthousiasme passé, chacun se demanda ce que nous allions devenir. Ceux qui croient qu'une armée est une machine absolument passive se trompent. Il est vrai que, d'ordinaire, les soldats ne pensent pas plus que les autres hommes; mais, de toutes les écoles, celle de la guerre et de la souffrance est la plus capable de stimuler les facultés cérébrales et de les pousser à la recherche des effets et des causes. Sans doute, le menu fretin des caractères et des intelligences ne résiste pas plus que les corps débiles aux épreuves de la vie militaire; en revanche, elle donne aux tempéraments robustes une trempe d'acier. Étranger aux finesses de la diplomatie, quand le soldat pense, c'est à haute voix. Or, le sentiment général était que l'imprévoyance et l'incapacité gouvernaient depuis le commencement.

On avait opposé des tranchées à des tranchées, des canons à des canons, des hommes à des hommes; mais le vrai génie de la guerre, profond dans les calculs, foudroyant dans l'action, avare de sang, était absent de la Crimée. Plusieurs généraux jouissaient d'une grande et légitime popularité, soit pour leur magnifique bravoure, soit pour leur dévouement et leur abnégation ; aucun ne s'était révélé grand capitaine. Or, le soldat avait conscience qu'il ne fallait rien moins qu'un grand capitaine pour tenir dans ses mains les rênes de 220 mille hommes, enrôlés sous quatre drapeaux différents, représentant autant de différentes politiques.

# V

## CAMPAGNE D'EUPATÓRIA.

Après la prise de Sébastopol, la division de cavalerie du général d'Allonville, dont faisait partie le 6e Dragons, reçut l'ordre de s'embarquer pour Eupatoria. Avec les troupes turques, égyptiennes et tunisiennes, réunies dans cette place, au nombre de 22 mille hommes, sous le commandement du muchir Achmed-Pacha (le même qui fut plus tard fusillé à Damas, lors des troubles du Liban) on pouvait tenter de fermer aux Russes l'isthme de Pérécop, leur seule ligne de ravitaillement et de retraite, depuis que la flotte alliée avait détruit, en deux fois, leurs magasins et leurs établissements militaires dans la mer d'Azow.

Deux grands transports anglais à vapeur reçurent le régiment à Kamiesh. Le voyage fut réglé de manière à dissimuler notre débarquement à Eupatoria sous le manteau de la nuit. Le temps étant beau, la traversée s'effectua rapidement. L'hospitalité anglaise se montra, comme toujours, large et empressée. Il y avait une table spéciale pour les sous-officiers. Au dessert, les quartier-maîtres et les mécaniciens du bord venaient boire et chanter avec nous.

Le lendemain de notre embarquement, un incident pénible mit notre amour-propre national à la plus rude épreuve. Le *stewart* du navire, sorte de commissaire, ayant signalé la disparition d'un couvert d'argent, tout le monde fut en émoi. Comment découvrir le coupable ? Comment trouver les objets volés dans le fouillis de bagages qui encombrait le pont et l'entre-pont ? Pourtant il importait que cette affaire se réglât à l'honneur de tous. Les recherches furent poursuivies avec une sorte de fureur.

Enfin, on trouva le couvert dans un sac de dragon renfermant du riz, des oignons et d'autres provisions. Le voleur fut traîné sur le tillac, écrasé de horions, jeté sur une couverture de cheval avec des pistolets, et berné par vingt bras, sans nulle miséricorde. Son corps lancé à mi-vergues retombait lourdement sur le pont, au milieu des cris : A la mer ! à la mer ! Sans l'intervention des officiers et les supplications des Anglais, on l'eût certainement jeté par-dessus bord. Quand on le lâcha, sa vie ne valait pas cher. De fait il ne vécut pas longtemps.

Le débarquement eut lieu dans la nuit. Comme il n'y avait pas d'appontement sur le rivage, beaucoup de chevaux, en sautant à terre, restaient accrochés par les jambes de derrière à la proue des chalands et tombaient. Le mien fit un bond qui lui permit de s'échapper au galop et de lancer des pétarades aux environs. Me voilà courant derrière lui , dans l'obscurité, sur une plage déserte, fort vexé de la mésaventure. Tout à coup, je me trouve en présence d'une troupe de cavaliers vêtus de longues capotes grises et armés de lances. « Ce sont des Cosaques ! » pensai-je. Déjà je me voyais prisonnier.

Ma crainte augmenta lorsque le chef qui portait un bonnet de forme carrée, à la polonaise, m'adressa la parole en bon français. « Que faites-vous là ? D'où venez-vous ? etc. » Je répondis que je courais après mon cheval. Alors il se retourna pour donner un ordre en langue turque. Deux cavaliers partirent au galop. « Vous n'êtes donc pas Russe ? m'écriai-je. — Point du tout, répondit-il, je suis Polonais au service turc. » Ouf ! de ma vie je n'avais éprouvé pareil soulagement.

Quand les cavaliers, détachés à la recherche de mon vagabond, le ramenèrent par le bridon, le chef me tendit la main et me chargea de transmettre ses compliments à plusieurs officiers qu'il avait autrefois connus à Paris.

Le régiment alla camper à deux mille mètres environ de la ville, en avant de deux cimetières clos de murs, à l'endroit précis d'où les Russes avaient tenté, le 16 janvier précédent, un assaut infructueux contre Eupatoria.

Un grand lac d'eau saumâtre, séparé de la mer par une bande de sable, connue sous le nom de Pointe-de-Sack, flanquait notre droite. Contre cette bande de sable, à quelque distance de la ville, se trouvait échoué le vaisseau le *Henri IV* qu'une batterie servie par les marins défendait contre les Russes. Beaucoup d'autres navires étaient ensablés dans la baie, parmi lesquels un vapeur à aubes, *le Pluton.*

En avant sur notre gauche, aussi loin que portait la vue, la steppe unie et monotone, où quelques points noirs figuraient des Cosaques en vedette. Derrière nous, la ville enveloppée de remparts en bon état, par-dessus lesquels on découvrait les coupoles et les minarets des mosquées tartares. Point de rivières, ni de fontaines; rien que des puits fournissant une eau saumâtre, désagréable au goût, à laquelle hommes et chevaux mirent quelque temps à s'habituer.

En jetant les yeux sur une carte, on remarque que la ville d'Eupatoria occupe le sommet d'un triangle formé par trois routes :

Celle de gauche mène à Pérékop : elle mesure environ 130 kilomètres.

Celle de droite, allant à Simféropol, compte 80 kilomètres.

Toutes deux aboutissent à la route principale qui relie Sébastopol à Pérécop.

Le point où cette route principale se rapproche le plus d'Eupatoria est à 45 kilomètres de distance au compas. Par là, nous pouvions menacer la ligne de retraite de l'armée russe, à la condition de nous emparer des puits.

D'après les rapports d'espions, un corps de grenadiers gardait Pérékop. Une division de lanciers, une brigade de dragons, 18 *sotnias* de cosaques et 18 pièces à cheval surveillaient Eupatoria.

Le général d'Allonville était l'activité même. Dès le 25 septembre, il nous mit en mouvement, à minuit, pour faire une reconnaissance dans la direction de Pérékop. Nous marchâmes en première ligne, les Turcs formant la réserve. Les Bachi-Bozouks nous précédaient au loin.

Quand l'horizon s'éclarcit, nous vîmes devant nous, à portée de canon, une douzaine d'escadrons formés en bataille. Cette cavalerie se maintint toujours à la même distance, s'arrêtant quand nous nous arrêtions, reculant quand nous avancions. Parfois, notre artillerie lui envoyait quelques obus.

Lorsque le projectile portait, on voyait distinctement le désordre qu'il produisait dans les rangs. Alors, les Russes faisaient demi-tour pour se mettre hors de portée.

A l'heure où nous fîmes halte pour donner l'orge aux chevaux, les Bachi-Bozouks nous offrirent le spectacle d'une *fantasia*. Des cavalier isolés s'avançaient au galop jusqu'à la barbe de l'ennemi, déchargeaient leurs armes et revenaient du même train pour recommencer un instant après. Les Russes, dédaignant ces bravades, n'y répondaient pas.

Souvent des lièvres partaient sous les jambes de nos chevaux. Un grand lévrier, appartenant à notre docteur, leur donnait la chasse. Ces incidents rompaient la monotonie de la marche et entretenaient quelque animation dans nos rangs.

A force d'avancer, nous finîmes par atteindre des puits sur lequels nous comptions pour abreuver nos chevaux ; mais les Russes avaient eu soin de les combler. Il fallut revenir sans boire. Alors, ce fut à notre tour d'être harcelés par les Cosaques. Pour se mettre à l'abri de leurs insultes, le gros des escadrons se serra en masse, en se couvrant à distance de tirailleurs et de flanqueurs.

La ligne russe, qui avait battu en retraite, devant nous, le matin, nous suivit le soir jusqu'aux points marqués pour l'emplacement de ses grand'gardes. Nous revînmes à notre camp quinze heures après notre départ, avec des chevaux efflanqués.

La description que je viens de faire est applicable sans grandes variations à presque toutes nos reconnaissances. De quelque côté que nous nous dirigions, au large d'Eupatoria, toujours l'éternelle steppe, aride et désolée, les prouesses des Bachi-Bozouks et des Cosaques, la chasse des lièvres par le chien du docteur, la distraction de quelques coups de canon, la même privation de boire, sauf du côté de Sack, où l'eau saumâtre du lac de ce nom remplaçait celle des puits comblés.

Au retour d'une de ces marches, j'eus l'occasion de faire une remarque qui confirma le mépris que j'avais déjà pour les duellistes de profession. Mon officier dirigeait la moitié des cavaliers du peloton disposés en flanqueurs à 4 ou 500 mètres du gros de l'armée. Je commandais la troupe de soutien. L'ordre portant de ne pas riposter au feu des Cosaques, leur insolence ne connaissait plus de bornes. Ils arrivaient individuellement au galop, pour faire feu, non sur les flanqueurs clair-semés, mais sur la petite troupe de soutien qui marchait en tas.

A chaque décharge, je percevais du désordre dans les rangs. C'était toujours le même cavalier qui saccadait son cheval, selon que les balles passaient devant ou derrière. Le coupable était justement un de ces mauvais coucheurs qui sont des fléaux pour leurs camarades, parce que l'habitude de la salle d'armes leur permet d'affronter, à coup sûr, les chances du duel. L'occasion était bonne pour lui rabaisser le caquet : « Je me doutais bien, lui dis-je, que vous n'étiez qu'un poltron ! »

J'ai maintes fois observé depuis qu'aucun tranche-montagne ne résiste à une véritable épreuve de courage. Les hommes les plus braves sont en même temps les plus sociables et les plus modestes.

Vers cette époque, je fus victime d'un accident.

Comme j'étais de grand'garde, un aigle de large envergure vint se poser à vingt-cinq pas des faisceaux. Saisir mon fusil et lui envoyer une balle fut l'affaire d'un instant. Au bruit de l'arme, l'oiseau, que j'avais manqué, s'envola un peu plus loin. Pour réparer ma maladresse, je pris, au hasard, un autre fusil et, m'approchant autant que possible, je fis feu pour la seconde fois. Du coup, je tombai à la renverse comme assommé. Quand on me releva, j'avais le front meurtri et le nez en sang. Le canon de l'arme avait éclaté et la crosse gisait à terre.

Cette aventure faillit m'empêcher de monter à cheval le surlendemain et d'être témoin d'un fait d'armes glorieux pour le 4ᵉ hussards et le 6ᵉ dragons. C'était le 29 septembre 1855. Comme d'habitude, nous avions quitté le bivouac au milieu de la nuit. Après avoir marché jusqu'au matin, on fit halte, en vue de la cavalerie ennemie, pour ressangler les chevaux ; puis, on continua d'avancer. Au bout d'une heure, on s'arrêta de nouveau. A défaut d'eau, les chevaux durent manger à sec leur ration d'orge.

Nous étions là, depuis quelque temps, ayant toujours la ligne russe en face de nous, quand nous vîmes le 4ᵉ hussards remonter à cheval et partir au grand trot dans une direction perpendiculaire à notre flanc droit, vers le village de Kanghill. Aussitôt, nous reçûmes l'ordre de suivre le mouvement. Mon escadron fut chargé d'escorter la batterie divisionnaire. Nous voilà trottant derrière les pièces sans savoir dans quel but.

Tout à coup, les hussards, qui étaient à mille mètres devant nous, disparurent derrière un pli de terrain, et nous entendîmes deux coups de canon. Alors, nous prîmes le galop. Nos trois premiers escadrons disparurent à leur tour. Bientôt nous arrivâmes en vue d'un affaissement subit de la steppe, marquant une différence de niveau de la hauteur de trois étages.

La scène se découvrit et nous vîmes une bri-

gade de lanciers russes s'en allant au galop,
poursuivie par nos dragons. Au premier plan,
les hussards, qui avaient chargé en tête, refor-
maient leurs rangs. L'emplacement, où les
Russes surpris avaient reçu le choc de pied
ferme, était marqué par une cinquantaine
d'hommes tués ou blessés. Les dolmans rouges
accusaient les pertes des hussards.

Plusieurs blessés gémissaient d'une façon
lamentable. Un hussard se traînait à quatre
pattes, le crâne ouvert, réclamant de l'eau.
L'officier d'état-major, aide de camp du général
Walsin-d'Esterhazy, se tenait accroupi, couvert de sang. Non loin de là, l'officier d'ordonnance du même général, M. de Sibert-Cornillon, appartenant à notre régiment, gisait criblé
de coups de lances. Nous passâmes au galop,
hommes et chevaux haletant.

Voici un canon russe ramené par des dragons
fous de joie. En voilà d'autres et des caissons,
et une forge, treize voitures en tout : une batterie complète. Des prisonniers arrivent sous

escorte, un par un, puis par groupes. A droite,
un Bachi-Bozouk, à pied, les rênes de son cheval passées au bras, tente d'arracher les bottes
à un Russe qui crie au secours de toutes ses
forces : « Faites lâcher prise à cette canaille ! »
me dit mon capitaine. L'ordre tombait bien.
J'avais une dent contre les Bachi-Bouzouks
depuis que l'un d'eux avait massacré, sous mes
yeux, un Cosaque blessé sur la route de Balaklava à Baïdar. Je détourne mon cheval; mais,
d'un bond, l'autre est en selle et se sauve à
toute vitesse.

Je me doutais bien qu'il reviendrait dès que
j'aurais le dos tourné. Il revint en effet et
donna des coups de pied au Russe pour le
punir d'avoir crié. Cette fois, je fondis sur
lui. Au moment d'être atteint, il se laissa
rouler dans la poussière. Je lui lâchai mon
coup de pistolet sans arrêter mon cheval et,
faisant une demi-volte, je rejoignis l'escadron.
Ai-je sur la conscience la mort de cet allié?
Je n'en sais rien. En tout cas, ce serait le

seul homme tué de ma main pendant toute la campagne.

Quand je repris mon rang, l'artillerie était arrêtée. Les chevaux, couverts d'écume, avaient la tête entre les jambes et leurs poumons résonnaient comme des soufflets de forge. Au loin, dans la steppe, des dragons épars tiraient des coups de fusil dans le tas des Russes qui avaient fait halte. Ceux qui étaient restés en arrière tâchaient de rejoindre les premiers en frappant à coups de plat de sabre la croupe de leurs chevaux. A l'autre extrémité de l'horizon le 7e dragons, reconnaissable au reflet de ses casques, arrivait en soulevant un nuage de poussière.

A la vue de ces renforts, les Russes se retirèrent au pas.

Notre halte se prolongea afin de donner aux chevaux d'artillerie le temps de reprendre haleine et à notre régiment celui de se rallier. Nous apprîmes alors que les Russes, s'étant rendu compte du petit nombre de cavaliers à leur poursuite, avaient fait volte-face pour prendre l'offensive, en poussant des hurrahs, mais que leurs chevaux refusèrent le service.

Sans cette circonstance, ils eussent fait prisonnier tout l'état-major de notre régiment, cloué au sol pour la même raison.

Nous apprîmes également que les Russes, surpris derrière un pli de terrain, n'eurent pas le temps de tirer plus de deux coups de canon sur six, que néanmoins ils tinrent tête aux hussards et que le général Walsin-d'Esterhazy traversa leurs rangs, la canne à la main, semant sur le sol son état-major et son escorte.

A l'approche des dragons, l'ennemi avait tourné le dos en croisant la lance en arrière.

On racontait aussi un trait du colonel Ressayre : en chargeant à sa place de bataille, il avait menacé de passer son sabre à travers le corps de son trompette d'ordonnance, qui voulait le dépasser.

L'artillerie russe, fuyant en colonne sur la route, avait été débordée par un maréchal des logis de notre régiment, nommé Veyret, un colosse supérieurement monté, qui conquit la pièce de tête en abattant les conducteurs avec la poignée de son sabre, arrêtant du même coup les autres canons venant derrière à la queue leu-leu. Enfin nous avions, en plus de l'artillerie, 160 prisonniers et 250 chevaux.

Ce fut la première affaire sérieuse du régiment. Elle était d'autant plus honorable que nous n'avions qu'un petit nombre d'hommes hors de combat. En outre, les pièces prises à Kanghill sont les seules que les Russes aient perdues en rase campagne pendant toute la guerre.

On chargea les blessés sur des cacolets et les morts sur les canons conquis. La retraite se fit lentement : la cavalerie turque qui n'avait pas donné formant l'arrière-garde. Quand nous rentrâmes au camp, il y avait dix-huit heures que nous n'avions mangé et vingt-quatre heures que nos chevaux n'avaient bu. Beaucoup d'entre eux tombèrent fourbus. Ceux de Tarbes, arrivés de France au printemps, résistèrent le mieux.

Le lendemain eurent lieu les obsèques des hussards tués pendant le combat. Plusieurs blessés moururent aux ambulances, entre autres l'aide de camp du général Walsin-d'Esterhazy, M. de Sibert-Cornillon. Alors ce mot dit devant moi : « Ces gens-là me forceront à me faire tuer », me revint tristement à la mémoire.

Mettre en doute le courage d'un homme est chose grave. A l'armée surtout, où tout repose sur l'honneur, une accusation portée à la légère a souvent des conséquences tragiques.

Les canons russes furent expédiés à Kamiesh. En échange, le maréchal Pélissier accorda de nombreuses récompenses, la plupart bien méritées ; mais le sous-officier qui s'était emparé du premier canon ne reçut la croix que trois ans plus tard. En revanche le cantinier, à qui j'avais remis à Sébastopol un casque pour sa Joséphine, fut décoré.

Toujours les services personnels passent avant les services rendus à la patrie. Pourtant, en dépit de quelques inévitables passe-droits, les croix distribuées aux soldats, contrairement à celles qu'on prodigue aux civils, sont toujours des croix d'honneur. A ce titre, elles devraient porter un signe distinctif. (1)

Le bruit courut, quelque temps après la charge de Kanghill, que le général de Korff, commandant de la division de lanciers russes, avait été dégradé par ordre de l'empereur Alexandre, et remis simple soldat.

L'affaire du 29 septembre attira l'attention sur le général d'Allonville. Les troupes sous sés ordres furent augmentées d'une division d'infanterie, commandée par le général de Failly, et d'une brigade de cavalerie anglaise.

(1) Que l'on augmente les fonds secrets pour acquitter les services interlopes ; que l'on crée toutes sortes de *mérites* agricoles, industriels, littéraires, électoraux, pour satisfaire la vanité générale; mais que, dans l'intérêt de la patrie, on réserve la croix d'honneur à ceux qui, l'ayant payée de leur sang, ne la compromettent jamais sur les bancs de la police correctionnelle. Exposer des officiers blanchis sous le harnais, sans avoir obtenu la croix, à commander, en cas d'appel des réserves et de l'armée territoriale, des légionnaires de hasard, inférieurs, comme valeur militaire, au commun des soldats, est le comble de l'anarchie. En ravalant la croix, on brise un des principaux ressorts de la discipline et de l'héroïsme.

A l'arrivée de ces renforts, nous espérions qu'on nous porterait sur la ligne de communication des Russes avec Pérékop, tandis que le gros de l'armée alliée tenterait un grand coup sur Baktchi-Seraï.

Cette opération était possible. La question de l'eau dans la steppe n'embarrassait pas moins l'ennemi que nous. Comme je l'ai dit plus haut, l'armée d'Eupatoria n'était séparée de la route de Pérékop que par une douzaine de lieues. En s'emparant des puits sur un point quelconque de cette route, on forçait le prince Gortschakoff à évacuer le sud de la Crimée. La grande guerre, telle que les Allemands l'ont faite en 1870, eût certainement amené ce résultat; peut-être même la capture de l'armée russe. Mais, en Crimée, la politique a constamment entravé les opérations militaires.

Après la prise de Sébatopol et jusqu'à la suspension d'armes, qui précéda la conclusion de la paix, plus de deux cent mille hommes restèrent l'arme au pied sur la Tchernaïa. Sauf un détachement commandé par le général Bazaine, que la flotte transporta à l'embouchure du Dniéper et du Boug pour s'emparer de Kinbourn, le gros des forces alliées ne donna plus signe de vie.

Le général d'Allonville, réduit à faire la guerre pour son compte, indépendamment d'un plan d'ensemble, utilisa, comme il put, les troupes sous ses ordres. Plusieurs fois, il offrit au général Schabolsky, qui commandait en face de lui, l'occasion d'une bataille; mais le système des Russes se bornait strictement à la défensive.

Quelques jours après l'arrivée de la division de Failly, nous fîmes une expédition du côté de Sack, emmenant l'infanterie avec nous. Après avoir longtemps marché, nous arrivâmes au bord d'une profonde coupure de la steppe, connue sous le nom de ravin de Tchobotar. De l'autre côté, le terrain montait en pente vers une éminence, où les Russes avaient établi une batterie avec des pièces de gros calibre.

Notre artillerie prit position au bord du ravin. Une brigade de cavalerie turque se rangea derrière elle en bataille. Notre régiment fut disposé en seconde ligne avec le 7^me Dragons. On nous fit mettre le sabre à la main. Alors une vive canonnade s'engagea entre les deux artilleries. Nous voyions distinctement les servants russes écouvillonner leurs pièces.

Le premier projectile envoyé contre nous, fut un obus qui éclata sur la tête d'un groupe où figurait notre colonel. La calotte de cet obus s'abattit, en sifflant, devant le cheval de mon capitaine, qui se tenait à côté de moi, à la droite de l'escadron. Un boulet, lancé aussitôt après, coupa deux chevaux turcs devant nous et vint en mourant, comme une boule de quilles, s'arrêter au même endroit. « Gare au troisième ! » me dit le capitaine. En ce moment, mon pied droit se mit à trembler dans l'étrier sans qu'il me fût possible de le calmer.

Au risque de fournir un argument à la métaphysique, je dirai que ma personne était, pour ainsi dire, dédoublée. La moitié de mon moi, pour rien au monde, n'eût voulu s'en aller ; elle disait à l'autre : « animal ! veux-tu bien rester tranquille. » La deuxième moitié, dominée par l'instinct de la conservation, battait la chamade.

Au passage des boulets les cavaliers se courbaient sur leurs chevaux comme des épis sous le vent, en vertu d'un mouvement réflexe, aussi difficile à réprimer que le clignement des yeux.

Ce spectacle m'empêcha d'avoir trop honte de moi-même. Déjà j'avais entendu raconter que le jour de la bataille d'Inkermann, le général Morris, voyant les chasseurs d'Afrique saluer les boulets, s'écria dans sa langue soldatesque : « Tas de c..... voulez-vous bien redresser la tête ! » et qu'au même moment, il provoqua l'hilarité de tous, en saluant à son tour.

Si j'osais formuler mon opinion en matière de bravoure, je dirais avec les Espagnols : « Un tel fut brave tel jour. » Déjà Homère avait montré une profonde connaissance du cœur humain, en refusant à ses héros un courage toujours égal : il n'en est pas un qui ne se sauve à un moment donné ou ne se dissimule derrière un nuage. La moindre diarrhée suffit pour abattre la plus fière vaillance ; tandis que, sous l'empire d'une surexcitation, l'homme le moins belliqueux se bat comme un lion.

L'habitude est aussi un élément dont il faut tenir compte en pareille matière. Le conscrit qui a respiré deux ou trois fois l'odeur de la poudre n'est plus reconnaissable au feu , et quelques jours de bombardement suffisent pour donner aux femmes et aux enfants l'insouciance des vieux soldats.

A l'homme qui prétend n'avoir jamais eu peur, il n'y a point d'autre réponse à faire que celle de Turenne à un rodomont : « On voit bien, monsieur, que vous n'avez jamais mouché la chandelle avec vos doigts. »

Au fond, l'homme le plus brave est celui qui se domine assez pour paraître ne point avoir peur.

Pendant que le canon tonnait, le capitaine Raabe passait une inspection : « Un tel, votre houpette de casque est de travers ! — Un tel, la sous-gorge de votre cheval est trop serrée ! » Il ne posait point : c'était le fond même de son caractère.

La canonnade dura plus d'un quart d'heure ; temps fort long pour des gens exposés à recevoir des coups sans pouvoir les rendre. Nous nous attendions à charger et nous nous demandions si nos chevaux, qui n'avaient pas bu depuis la veille, parviendraient, après avoir traversé le ravin, au sommet de la côte où se trouvait l'artillerie ennemie.

Cette considération arrêta le général d'Allonville, et bien lui en prit, comme nous le sûmes plus tard. Le premier mot que lui adressa le général russe, après la suspension d'armes, en février 1856, fut pour lui demander pourquoi il n'avait pas traversé le ravin de Tchobotar, ajoutant: «J'avais, derrière mon canon, vingt bataillons d'infanterie et trente escadrons prêts à vous recevoir. » A quoi le général d'Allonville répondit par la raison que ses chevaux n'avaient pas bu, ajoutant à son tour : « Et vous, général, pourquoi ne m'avez-vous pas chargé pendant la nuit suivante, que j'ai passée au bivouac dans la steppe ?

En effet, après la canonnade de Tchobotar, nous ne rentrâmes pas à Eupatoria. Nous revînmes en arrière jusqu'à la rencontre de notre infanterie. Là, le général d'Allonville prit ses dispositions pour bivouaquer. L'infanterie et l'artillerie occupèrent des monticules figurant à peu près les quatre coins d'un carré. Les intervalles entre ces coins furent remplis par des postes, couverts eux-mêmes par des grand'-gardes et des vedettes. Toute la cavalerie campa au centre.

Défense de desseller et de quitter les armes. Tour à tour les chevaux furent conduits au lac de Sack, situé sur notre flanc droit, où ils trouvèrent de l'eau saumâtre qu'ils touchèrent à peine du bout des dents. Tour à tour on les débrida pour leur donner l'orge. Chaque homme calma sa faim comme il put.

La nuit fut sombre. La pensée que nous pouvions être chargés hantait beaucoup d'esprits. Une cavalerie profitant des ténèbres pour se lancer à corps perdu sur des troupes campées en plaine, a beaucoup de chances de produire une panique. Heureusement nos hommes étaient à toute épreuve. Des 24 cavaliers dont se composait mon peloton, il y en avait fort peu sur lesquels on ne pût pas compter d'une manière absolue.

Nous passâmes la nuit casque en tête, la bride au bras, prêts à toute éventualité. Rien ne vint nous troubler, pas même les Cosaques.

Au jour, nous fîmes le simulacre d'abreuver les chevaux, puis nous nous reportâmes en avant jusqu'au ravin de Tchobotar, l'infanterie nous suivant sur les talons. L'intention évidente du général d'Allonville était d'attirer l'ennemi de notre côté; mais il en fut pour ses avances. En désespoir de cause, il ordonna la retraite sur Eupatoria.

La canonnade de la veille avait coûté des hommes et des chevaux à notre artillerie et à la cavalerie turque en première ligne. Grâce à la disposition du terrain, légèrement en pente, les projectiles à notre adresse s'étaient égarés derrière nous. Le régiment en fut quitte pour quelques blessés et la perte de quelques chevaux.

Aussi longtemps que dura la belle saison, le général d'Allonville renouvela ses offres de combat; mais, ce fut en vain.

La fin d'octobre marqua le commencement de l'hiver. La pluie et le vent d'abord; plus tard, la neige et la glace rendirent inabordable le champ de la steppe. Il fallut se contenter de petites reconnaissances, limitées à la surveillance des abords de la place. Bientôt notre bivouac devint un marécage. Nous n'avions plus les grandes tentes-marabouts du camp supérieur. Nos petites tentes, usées par dix-huit mois de campagne, ressemblaient à des cribles, bien que l'industrie de nos dragons les eût doublées avec des sacs.

Pour empêcher les soldats d'aller en ville sans permission, un sous-officier de planton se tenait, par ordre du commandant de place, aux abords des deux cimetières. Sa seule distraction était de voir passer les enterrements de la garnison qui se succédaient du matin au soir. Selon la coutume musulmane, les Turcs, les Égyptiens et les Tunisiens portaient leurs morts sur les épaules en se relayant de distance en distance : chaque fidèle devant remplir ce devoir, même envers un inconnu. Tout le long du chemin, ils récitaient la formule qui constitue le *Credo* de l'Islam : *La ilaha illa Allah Mohammed rasoul oullah!* Les Tunisiens avaient une manière de psalmodier cette formule dont l'air correspondait au refrain d'une chanson française où il est question d'un sous-lieutenant accablé de besogne.

Quand j'étais de planton à mon tour, je ne pouvais jamais m'empêcher de mettre ma voix à l'unisson : *Drin, drin, drin*, ce qui me faisait prendre pour un Musulman. Au retour du cimetière, les soldats tunisiens s'approchaient de moi avec intérêt : *Francis mouslim ?* me disaient-ils d'un ton d'interrogation. *Aiwa,* répondais-je. Alors, ils se livraient à toutes sortes de démonstrations amicales, allant même jusqu'à soulever mon casque pour voir si je n'avais pas, comme eux, la tête rasée.

Quand le thermomètre descendit au-dessous de zéro, le général d'Allonville nous cantonna dans l'enceinte d'Eupatoria. On refoula la population tartare pour nous faire de la place. Déjà les Turcs, les Égyptiens, les Tunisiens et les Anglais s'étaient logés aux dépens des habitants. Ces pauvres gens étaient littéralement amoncelés. J'ai vu jusqu'à cinquante personnes, hommes, femmes, enfants dans la même pièce, accroupis autour de leurs *mangals*, semblables aux braseros espagnols, qui servaient en même temps à les réchauffer et à cuire leurs aliments. Tout ce monde fumant, une odeur infecte se dégageait d'un brouillard de tabac.

Nous-mêmes étions très serrés ; mais personne ne regrettait le bivouac. Les chevaux furent abrités dans les cours sous des hangars construits au moyen de charpentes expédiées de Constantinople. Avec des pierres arrachées aux murs d'enclos, on fit des pavages qui mirent leurs pieds à sec. L'expérience acquise l'hiver précédent facilita beaucoup ces travaux.

Cependant le choléra faisait toujours des victimes, et le scorbut, engendré par l'eau saumâtre et les salaisons, se déclara parmi nous. En même temps, presque tous nos chevaux eurent la gale.

Alors éclata le vice de notre intendance. Telle fut son incurie que nous restâmes pendant vingt jours, à Eupatoria, sans viande fraîche.

Pour remplacer le bœuf, on tua des chevaux, en commençant par les plus galeux.

En ce qui me concerne, je n'ai jamais touché à cette viande, la considérant comme un poison. Plutôt que de subir ce régime, beaucoup de soldats se livrèrent à la chasse aux rats.

Notre détresse était d'autant plus navrante qu'elle contrastait avcc l'abondance de toutes choses, où nageaient les Anglais. S'il est vrai que l'aptitude à profiter des leçons de l'expérience soit une marque de supériorité, les Anglais l'emportent incontestablement sur nous. Quelques mois leur avaient suffi, non seulement pour rattraper l'avance que nous tenions sur eux, mais pour nous dépasser. Du système africain de vivre et de camper que nous avions transporté sur le continent, pour ainsi dire en bloc, sans tenir compte des exigences de la grande guerre, ils s'étaient approprié le meilleur, en le perfectionnant.

On peut juger de la différence des administrations par la différence des résultats. Les Anglais se préservèrent du scorbut, ainsi que du typhus qui nous ravagea plus tard. Leurs pertes furent insigniantes pendant le deuxième hiver.

Dans l'armée française, la mortalité dépassa de beaucoup celle du siège, bien que les hostilités eussent complètement cessé.

Les hommes, qui n'étaient pas atteints du scorbut, constituaient l'exception. Sous la forme où nous l'avions, cette maladie laissait la bouche intacte. Les cuisses et les jambes seules se couvraient de tumeurs noires qui atteignaient parfois la grosseur d'un œuf de poule. Une grande lassitude, une tristesse extraordinaire précédaient et accompagnaient les éruptions.

C'est alors qu'apparut la valeur morale des survivants du premier hiver. Tandis que, pour le service courant, il restait à peine cinq ou six hommes disponibles, dès qu'il était question d'une prise d'armes, tous les chevaux étaient montés. Des cavaliers de mon peloton, dont les jambes ulcérées ne formaient qu'une plaie, supportaient la selle sans se plaindre, pendant des journées entières, soit pour ne pas manquer une chance de guerre, soit dans l'espoir qu'une balle ou un boulet mettraient fin à leur existence.

J'insiste sur ces points pour rendre hommage

à tant de héros anonymes et aussi pour faire connaître à ceux qui l'ignorent au prix de quelles souffrances des hommes, qui souvent ne possèdent pas un lopin de terre et auxquels on mesure parcimonieusement le pain de la vieillesse, assurent la grandeur et la sécurité de la patrie.

Dans les journaux de l'époque, il n'est question que de dons nationaux envoyés à l'armée de Crimée. A les en croire, le luxe aurait régné dans nos camps. La vérité est que le gaspillage et le désordre ont présidé à la distribution de ces dons. Le soldat n'en reçut pas la dixième partie.

Quant aux officiers, ils purent, en signant des bons remboursables sur leur solde, obtenir certaines provisions à meilleur marché que dans le commerce ; mais, la crainte de contracter des engagements difficiles à remplir, empêcha beaucoup d'entre eux d'user de cette faveur. D'autres en abusèrent au point d'avoir, à la fin de la guerre, des sommes relativement énormes à payer. Heureusement, l'administration finit par renoncer à ses droits, en portant aux profits et pertes les avances faites aux officiers.

Comme toutes les villes d'Orient, Eupatoria se trouvait alors dans les plus mauvaises conditions de salubrité. Au lieu de rues pavées, des ruisseaux de boue bordés de pierres oscillantes, figurant un trottoir. Sur les places ouvertes, des bandes de chiens se disputant des cadavres d'animaux. Le long de la rade, toutes sortes d'épaves, incessamment renouvelées par les tempêtes da la mer Noire.

Plus de quarante navires échoués, de diverses grandeurs, garnissaient le littoral. Le fond de la baie étant sablonneux, les ancres n'y tenaient pas.

Tout navire, qui ne trouvait pas moyen de fuir le gros temps, arrivait inévitablement à la côte.

C'est ainsi qu'un grand trois-mâts fut lancé sur la principale place de la ville, où il demeura. Souvent nous étions réveillés par les hurlements de la mer et les cris des matelots. A la longue, on ne se dérangeait plus, tant on y était habitué.

Le sort, voulant sans doute nous familiariser avec tous les genres de sinistres, nous offrit, pendant une nuit, le spectacle de l'incendie d'un navire chargé d'obus. La rade s'illumina comme en plein jour. Les projectiles éclatèrent d'abord successivement en faisant un vacarme d'enfer. Ce fut une scène grandiose et terrible, pareille à l'éruption d'un volcan. Une dernière explosion rétablit le silence et l'obscurité.

C'est à Eupatoria que j'eus, pour la première fois, l'occasion d'observer l'extrême sobriété des soldats turcs. Du riz au beurre composait le fond de leur nourriture ; encore le beurre était-il de mauvaise qualité  A part cela, de la viande de mouton de temps à autre et un plat doux aux jours de fête. Leur maigre solde était toujours en retard de plusieurs mois. En revanche, ils recevaient régulièrement un supplé- de tabac et de café. Malgré l'insuffisance de ce régime, ils paraissaient contents et ne perdaient pas plus de monde que nous.

Les Égyptiens et les Tunisiens n'étaient guère mieux partagés et ne faisaient pas moins bonne contenance. A l'occasion, ils trouvaient encore moyen d'exercer envers nous, d'une manière fort convenable, les devoirs de l'hospitalité. Leurs mœurs intimes se révélaient dans leurs passe-temps.

Je me souviens qu'un soir, revenant avec deux camarades de chez la mère Pongis, une cantinière du 7ᵉ dragons, qui tenait une sorte de café, nous fûmes surpris par une éclatante lumière et les sons d'une musique criarde, partant d'un cantonnement égyptien. Poussés par la curiosité, nous nous approchâmes avec discrétion ; mais, dès qu'on remarqua notre présence, un officier vint au-devant de nous et nous invita à entrer avec force démonstrations de politesse.

Après avoir quitté nos chaussures, selon l'usage, nous traversâmes une vaste pièce dont le plancher était recouvert d'une natte. Des bougies fumeuses, piquées dans des bouteilles ou appliquées contre les murs, permettaient de voir, de

chaque côté, un grand nombre de soldats accroupis les uns derrière les autres, de manière à
former plusieurs rangs. Au fond, les officiers
occupaient un divan où l'on nous fit prendre
place. Nous échangeâmes des *salamaleks* et l'on
nous offrit des confitures, puis le chibouque et
le café. La fête, que nous avions interrompue,
reprit son cours. Au son d'instruments à corde
d'une façon primitive et de *tamtams*, des dan-
seurs étrangement travestis s'avancèrent dans
l'espace libre au centre de la salle. L'un d'eux,
pareil aux Hermès, qu'on voyait autrefois à
Athènes, se mit à persécuter le groupe des
comparses, qui le fuyaient en cadence, avec des
trémoussements de jambes, des ondulations de
croupes et des contorsions de ventres indes-
criptibles. Rien pour l'esprit; tout pour les sens.
Ce fut comme une évocation des Bacchanales et
des Dyonysiaques à travers un nuage de tabac.

J'ai vu, depuis, en Amérique, la *Chica*, im-
portée dans les colonies espagnoles par les nègres
du Congo. la *Calenda*, non moins licencieuse,

et ailleurs la célèbre *danse des abeilles*; elles sont chastes en comparaison. Pour imaginer pareil spectacle, il faut remonter jusqu'au culte de Priape. L'assistance, transportée de plaisir, manifestait son enthousiasme par des gestes et des exclamations lubriques.

A la danse succèdèrent des chants tristes et monotones. Je n'en dirai rien, n'y ayant rien compris. On nous invita à danser et à chanter à notre tour. Cela n'était point de notre goût, mais nous eûmes beau faire, il fallut s'exécuter. Un de nos camarades paya pour trois et entonna la *Marseillaise* d'une voix tonitruante qui fit trembler la salle. Il obtint un succès de poumons dont je ris encore. Règle générale : un Français mis en demeure de rendre une politesse à des étrangers, dont il ne parle pas la langue, se tire d'embarras en chantant la *Marseillaise*.

Pendant tout le temps de notre séjour à Eupatoria, j'habitai, avec un collègue, une petite maison composée d'une seule chambre et d'une cuisine. La cuisine servait au dragon chargé de la *popote*. A l'heure des repas, notre chambre, assez vaste, devenait la salle à manger des sous-officiers de l'escadron. Une table, deux bancs, deux lits de camp, fabriqués avec des caisses à biscuits, composaient le mobilier.

A la suite des promotions et des pertes, j'étais alors le plus ancien maréchal des logis, quoique je fusse le plus jeune d'âge.

Mon compagnon avait au moins dix ans de plus que moi. C'était un vieux soldat à trois chevrons, dont le passé n'était pas clair. Renvoyé de l'École vétérinaire d'Alfort, il avait pris du service au 2ᵉ dragons, où il devint sous-officier. Dans cette situation, il fut accusé d'avoir causé la mort d'un de ses camarades, en lui faisant prendre de la poudre cantharide, en guise de purgatif. A tort ou à raison, il dut rendre ses galons et passer aux chasseurs d'Afrique où il servit longtemps sans pouvoir dépasser le grade de brigadier. Libéré juste au moment de la guerre, il se réengagea au 6ᵉ dragons. Depuis huit mois, je l'avais pour collègue.

Appartenant au même peloton, nous vivions forcément côte à côte, mais sans aucune intimité. Il avait des habitudes d'absinthe qui me dégoûtaient et une manière générale de se conduire qui le rendait suspect, bien que je n'eusse aucune raison de douter de ses qualités militaires. L'avenir ne justifia que trop mes répugnances.

Après diverses péripéties, cet homme fut condamné deux ans plus tard, à Clermont-Ferrand, par le conseil de guerre, à cinq ans de réclusion pour des faits que je n'ai point à rapporter ici : mon but étant simplement de montrer que les souffrances physiques ne sont rien en comparaison de la torture morale qui résulte de la cohabitation forcée avec un être antipathique, doublé d'un ivrogne.

Le deuxième hiver fut beaucoup plus rude que le premier. Le 20 décembre, le thermomètre descendit à 27 degrés au-dessous de zéro. Ce jour-là, j'étais de service d'escorte, avec 12 hommes, chez le général d'Allonville, qui habitait une maison sur le bord de la mer.

15.

Une tente marabout, dressée sur la plage, servait de corps de garde. Les chevaux étaient entravés aux piquets. D'énormes poutres en bois de chêne, débris des navires naufragés, alimentaient notre feu de bivouac. On brûlait par devant, on gelait par derrière.

Près de là, des marins du *Henry IV* avaient construit une hutte bien close avec des madriers couverts de voiles provenant de leur vaisseau. Le quartier-maître m'offrit l'hospitalité sous cet abri. J'en profitai pour y envoyer tour à tour, pendant la nuit, les cavaliers du poste, au fur et à mesure que l'un ou l'autre succombait au froid.

J'ai la certitude que la générosité de ce marin, dont je regrette d'avoir oublié le nom, a sauvé plusieurs vies humaines. Néanmoins, je dus faire relever, le lendemain matin, cinq hommes de l'escorte pour des mains, des pieds et des nez gelés.

A partir de ce moment, jusqu'en avril, le thermomètre resta presque toujours au-dessous de zéro. Il marquait 22 degrés quand nous reçûmes, un jour, l'ordre d'exécuter une marche le long de la pointe de Sack.

Notre colonel alla trouver le général d'Allonville, pensant le faire revenir sur sa décision. Cette démarche n'ayant pas abouti, nous traversâmes la ville à cinq heures du matin, enveloppés dans nos criméennes et nos manteaux. En dehors des fortifications, on nous fit mettre pied à terre. La marche s'effectua la bride au bras, les mains dans les poches, en silence : les barbes hérissées de glaçons empêchant d'ouvrir la bouche.

Au lever du jour, un petit incident suffit pour dégourdir nos membres et rétablir la gaieté. Un lièvre étant parti sous les jambes des chevaux, ce fut un brouhaha. Le malheureux animal, entouré de tous côtés, perdit la tête et s'élança dans la mer. Alors, on se disputa à qui jetterait sa bride aux mains d'un camarade pour tirer le sabre et courir au rivage. Le lièvre trouva moyen de reprendre terre, en évitant les coups ; mais, après quelques bonds, la glace paralysa son corps mouillé et le livra sans défense aux poursuivants. Cette chasse burlesque fit trêve au froid.

Cependant le scorbut étendait ses ravages et le typhus, inconnu jusqu'alors, s'abattit sur la Crimée. D'après les statistiques officielles, 734 soldats français en décembre, 1,523 en janvier, 3,400 en février, dont 2,400 morts, furent atteints de ce fléau. Le mois de mars enleva 2,500 hommes de plus. 58 médecins moururent victimes de leur dévouement.

Le nombre des hommes disponibles pour le service décrut chaque jour. Une revue de la cavalerie, que le général d'Allonville passa sur l'emplacement de notre ancien camp, montra des escadrons réduits à 50 hommes. Ce fut notre dernière grande manifestation militaire A partir de ce moment, les petites reconnaissances matinales ne comptèrent plus que six hommes, commandés par un sous-officier.

Le jour même où cette réduction eut lieu pour la première fois, on m'envoya le long de la mer, dans la direction de Sack. L'ordre portait de dépasser de deux mille mètres le fortin qui défendait l'épave du *Henry IV*. Ce fortin était commandé par un lieutenant de vaisseau, et le service s'y faisait avec la régularité particulière aux marins. L'aube était proche quand nous passâmes par là.

Arrivés à la limite prescrite, nous vîmes devant nous à hauteur d'une habitation isolée, connue sous le nom de la *Maison Blanche*, une ligne noire que nous n'avions jamais remarquée en cet endroit. Je crus de mon devoir de reconnaître cette ligne, et nous prîmes le trot. L'apparition du jour dévoila une vingtaine de dragons russes, pied à terre, nous regardant venir en fumant leurs pipes. Une seule vedette se tenait à cheval. Nous nous arrêtâmes à demi-portée de fusil, cherchant à découvrir s'il n'y avait pas d'autres troupes derrière cet avant-poste. Alors l'idée me passa par la tête qu'une charge à fond permettrait d'arriver sur les Russes avant qu'ils eussent le temps de monter en selle. « Voulez-vous que nous bousculions ces gens-là ? » demandai-je à mes hommes. Tous répondirent : « Allons-y ! » à l'exception du brigadier qui objecta que nous n'avions pas d'ordre et que, d'ailleurs, le morceau était trop gros à avaler. Nous revînmes au pas, En arrivant au fortin du Henri IV, l'officier-commanpant, tenant sa lunette d'approche à la main, me cria que j'étais en faute, qu'il ferait son rapport, etc.

A peine de retour, on m'annonça, d'ordre supérieur, quinze jours de garde du camp pour avoir dépassé la zone assignée aux reconnaissances. Cette punition fut levée, quand mon rapport écrit, où j'expliquais le pourquoi de ma conduite, parvint à son tour à l'état-major. Dans les dispositions d'esprit où je me trouvais alors, si j'avais eu douze hommes au lieu de six, il m'eût été difficile de résister à la tentation de risquer le tout pour le tout. Rien n'était impossible avec nos rudes soldats.

Vers cette époque, on demanda des hommes

au régiment pour le recrutement de la garde impériale. Parmi les sous-officiers, il se présenta peu de candidats. Obligé de fournir son contingent, le colonel fit tirer au sort; mais, quand le nom d'un bon sujet sortait du casque, qui servait d'urne, on trouvait moyen de recommencer l'opération.

Le 27 février 1856, les généraux en chef signèrent une suspension d'armes. Le 2 avril, des salves d'artillerie annoncèrent la conclusion de la paix. Cette nouvelle nous trouva résignés. Depuis l'ouverture de la campagne, nous avions combattu les Russes comme des paladins en champ clos, sans trop savoir pourquoi. L'inaction des cinq derniers mois avait fait la lumière. Les stipulations dérisoires du traité de Paris achevèrent de nous édifier. Nous savions maintenant que la prise de Sébastopol avait été acceptée par la France comme la rançon du *deux décembre* et que l'armée de Crimée était la victime expiatoire du coup d'État.

Les troupes, rentrées à Paris au commencement de l'année, avaient reçu un accueil triomphal. Rien ne manquait à cette manifestation que les cent quinze mille hommes ensevelis sur le plateau de Chersonèse et dans les profondeurs de la mer Noire.

Au moment de la conclusion de la paix, un vulgaire incident me condamna à l'immobilité. Après avoir vainement tenté de me guérir, faute de médicaments, le docteur me fit porter à l'hôpital. On me mit dans une pièce, où dix couchettes occupaient la place de six. Nous étions les uns sur les autres. Le typhus régnait en plein.

Le premier jour, il y eut deux morts. La nuit suivante je fus réveillé par une sensation de froid. C'était mon voisin, un sergent d'infanterie, qui avait versé sur mon oreiller en rendant le dernier soupir. Ma couchette occupant un coin, je me rejetai vers la muraille et ne tardai pas à me rendormir. L'habitude de l'extraordinaire fait qu'on y vit comme dans l'état normal.

Quelques jours après, on m'embarqua avec trois cents malades à bord du vapeur-hôpital *le Brésil* à destination de Constantinople. Ceux qui ne pouvaient pas marcher furent portés jusqu'aux chalands et hissés à bord. Mes camarades et plusieurs officiers, entre autres mon capitaine, vinrent me voir avant le départ. Cette marque de sympathie me toucha vivement.

Après le regret de quitter des chefs, des compagnons d'armes et des amis auxquels tant de vicissitudes communes m'avaient attaché, j'eus celui d'abandonner le brave cheval qui m'avait porté pendant toute la campagne ; ce ne fut pas le moindre.

# VI

## CONSTANTINOPLE ET RETOUR EN FRANCE

Parmi tous mes compagnons de voyage, j'étais peut-être le seul qui ne fût pas atteint aux sources mêmes de la vie. La plupart étaient des victimes du scorbut et du typhus; bien peu avaient la chance de revoir leur village.

L'embarquement terminé, le navire se mit en route par une mer calme et un temps froid. Nous pensions qu'il ne faudrait guère plus de deux jours pour arriver à Constantinople; mais la destinée arrangea les choses autrement.

Le lendemain du départ, à midi précis, au moment où nous prenions notre repas dans l'entre-pont, une formidable commotion ébranla le navire. Je crus que la chaudière avait éclaté. Oubliant mon mal, je sautai sur le pont. Un nuage de vapeur empêchait de voir, mais on entendait des cris déchirants.

L'instant d'après, quand le brouillard se dissipa, on vit paraître des matelots portant un homme presque nu dont les chairs s'étalaient au vif. C'était un mécanicien que l'explosion d'un bouilleur avait inondé d'eau bouillante. Il hurlait comme un damné, criant : « Tuez-moi ! tuez-moi ! » La mort mit bientôt un terme à ses souffrances, et sa dépouille fut ensevelie dans les flots.

Le dommage causé à la machine était heureusement limité; mais la terrible secousse et les émotions de la peur avaient arraché le dernier souffle à de pauvres diables évacués trop tard.

Rien n'était plus dramatique que le pont du navire, chaque fois qu'on lançait un cadavre à la mer. Comme des papillons de nuit, attirés par une lampe, arrivaient au jour, par toutes les issues, des soldats pâles et décharnés, titubant dans leurs capotes trop larges. La curiosité seule entretenait quelques étincelles de vie au fond de leurs yeux caves et vitreux.

Des infirmiers enroulaient le mort dans sa couverture et le ficelaient comme un paquet ; puis, ils lui attachaient sur la poitrine un gros lingot de fer, le marquaient d'une croix avec un pinceau trempé dans un seau de goudron et, le balançant par la tête et par les pieds, le jetaient à la mer. Alors la procession des squeleltes se portait vers la poupe pour voir si deux énormes requins, qui nous escortaient depuis Eupatoria, se trouvaient encore dans le sillage.

Cette cérémonie se renouvela trente-sept fois pendant la traversée, qui dura cinq jours, en partie à la voile. Plus d'un spectateur de la première représentation assista par avance à ses propres funérailles.

Le sixième jour, au matin, nous entrâmes dans le Bosphore. Je me dispenserai de décrire, après tant d'autres, la magnificence de ce célèbre passage qu'encombraient alors des milliers de navires. Des vaisseaux de ligne étaient ancrés de distance en distance, parmi lesquels *la Bretagne*, à trois rangs de canons, lancée récemment, qui passait alors pour un chef-d'œuvre de construction navale.

Notre vapeur s'arrêta près du palais de Dolma-Bagtché, résidence du Sultan. Les premières personnes, qui vinrent à bord, furent des sœurs de charité offrant des fruits et des douceurs. Le débarquement s'effectua dans la matinée. Arrivés à terre, les malades étaient couchés sur des *arabas* bulgares, garnis d'un lit de paille et transportés à l'hôpital situé non loin de là. N'ayant pas besoin de m'étendre, je m'assis derrière les buffles, tenant entre les jambes un grand bâton qui me servait d'appui. Le lourd et incommode véhicule se mit à grimper la côte, en faisant crier ses essieux de bois.

Tout à coup, nous fûmes dépassés par une calèche attelée de deux beaux chevaux, dans laquelle se trouvaient quatre femmes turques, la tête penchée à la portière, laissant voir leurs visages à travers des voiles transparents.

D'autres voitures, exactement pareilles, suivaient la première : une quinzaine en tout.

Sans faire cas des eunuques, qui chevauchaient sur le flanc, de distance en distance, déguisés en officiers, avec des cimeterres dorés à la ceinture, je m'amusai à échanger des signes avec ces femmes parmi lesquelles il y en avait de jolies. Ce manège les fit rire à haute voix, comme des folles, au point d'attirer l'attention de leurs surveillants. Ceux-ci se mirent à pousser des gloussements de poules en colère et, voyant que je ne cessais point, vinrent près de l'*araba* en criant de plus en plus fort. De son côté, le conducteur bulgare me suppliait dans son langage de rester tranquille.

Ce n'était pas mon idée ; au contraire, je prenais plaisir à l'irritation des eunuques. L'un d'eux, ayant fait mine de s'approcher, je lui portai un coup de bâton qui fit tourbillonner

son cheval. Alors ils dégaînèrent leurs sabres
de parade, en hurlant de rage ; mais mon assom-
moir, que je manœuvrais des deux mains, les
contint à distance jusqu'à l'arrivée d'une section d'infanterie, aux ordres d'un sergent, qui
descendait la côte pour prendre la garde en
ville. En voyant accourir cette petite troupe,
au pas gymnastique, les eunuques détalèrent
au galop pour rejoindre leurs voitures.

Je sus par le sergent que les femmes appartenaient au harem du Sultan et qu'elles se rendaient aux eaux douces d'Europe. Deux mois
plus tard, je racontai mon aventure à un ancien
banquier failli de Marseille, établi cafetier à
Daoud-Pacha. « Vous en avez été quitte à bon
compte, me dit-il ; il y a deux ans, pareille espiè-
glerie vous eût coûté la vie ; même je ne sais ce
qui fût arrivé, si vous n'eussiez été secouru. »

L'hôpital, où l'on nous transporta, se composait de plusieurs grandes baraques établies
parallèlement. D'autres, plus petites, situées
au deux bouts, servaient à l'administration, à

la pharmacie et au personnel. Embrassée d'un coup d'œil, toute cette installation semblait bien entendue. Les salles étaient hautes, éclairées et ventilées ; les lits propres et espacés. Des sœurs de charité de Saint-Vincent-de-Paul soignaient les malades concurremment avec des infirmiers militaires.

Je m'attendais à passer là cinq ou six jours, le temps d'achever ma guérison; mais je dus partir le même soir. Quand le docteur vint pour la visite, à peine connut-il la nature de mon mal que, sans m'examiner, il me dit à mi-voix : « Ce que vous avez n'est rien auprès du typhus qui règne ici. Mettez-vous en route à l'instant même pour Maslak, où vous ne trouverez que des convalescents. On vous guérira là-bas aussi bien qu'ici et vous ne courrez pas les mêmes risques. » Un cacolet d'ambulance me transporta, en moins d'une heure, à ma nouvelle destination.

Maslak était le nom d'un camp, situé entre le faubourg de Péra et la mer Noire, où les

hommes sortis des hôpitaux restaient en convalescence, jusqu'à ce qu'ils fussent en état de
rejoindre leurs petits dépôts de l'autre côté de
la Corne-d'Or, à Daoud-Pacha, non loin des anciennes murailles de Constantinople et de la
mer de Marmara.

A Maslak, je partageai le logement avec un
fourrier d'infanterie et la table avec des sous-
officiers d'administration. Quelle différence
entre leur ordinaire et celui de la Crimée! Viande
fraîche, excellent pain, légumes verts : toutes
choses à peu près inconnues depuis seize mois.

Ce n'est qu'au bout de quinze jours de ce
régime que je me rendis compte de la déper-
dition de forces que j'avais subie, sans m'en
douter. J'étais comme un moribond qui revient
à la vie. Mon mal local disparut également.

Alors, affranchi de tout service, absolument
libre, sous la réserve de rentrer pour l'appel du
soir, je pus faire des excursions variées avec le
co-habitant de ma baraque, en qui le hasard
m'avait procuré le plus aimable compagnon.

Nos promenades nous portaient jusqu'à The-
rapia, à Buyuk-Déré et à l'embouchure de la
mer Noire. Une prairie voisine de Buyuk-Déré,
citée dans le pays comme une merveille, attirait
à cette époque la belle société franque et les
harems turcs. Là se trouvent neuf platanes que
l'on dit être de la même souche que les arbres
qui abritèrent l'armée de Godefroi de Bouillon.

J'avais, dès lors, l'attention portée sur les
écoles. Chaque fois qu'il s'en trouvait une sur
ma route, je ne manquais jamais de m'y arrêter.

Un jour, je rencontrai dans le village de Bebek
une troupe d'enfants turcs, précédés de musi-
ciens. L'un des enfants, monté sur un âne riche-
ment caparaçonné, portait des bijoux piqués
dans son fez et un beau châle sur les épaules.
Toute la marmaille se livrait à des démonstrations de joie. Intrigué par cette scène, j'en
demandai l'explication. On m'apprit que la
même cérémonie se renouvelait chaque fois
qu'un petit Turc entrait pour la première fois
en classe.

En vertu du précepte koranique : « Allez à la recherche de la lumière jusqu'en Chine! » le savoir est fort en honneur parmi les Musulmans. A leurs yeux, l'école doit être un lieu d'attraction, non un épouvantail et un supplice.

Cette manière de considérer l'enseignement serait féconde en résultats, si les méthodes et les programmes y correspondaient; mais, à l'époque dont je parle, une école turque se présentait sous forme d'une salle ouverte sur la rue, où des marmots récitaient à haute voix, en balançant le corps de haut en bas, des versets du Koran, sous la direction d'un maître accroupi sur une natte, fumant son chibouque ou tournant entre ses doigts les grains de son chapelet.

En revanche, les écoles grecques et arméniennes se rapprochaient déjà du type européen. Je me souviens notamment d'un pensionnat de garçons qui s'ébattait sur une pelouse à Balta-Liman, dont le surveillant me fournit des détails très intéressants sur le développement de l'instruction parmi les Grecs.

Pendant mon séjour à Maslak, le camp reçut plusieurs fois la visite du général Larchey, commandant supérieur des forces françaises qui a laissé en Turquie la réputation d'un homme absolument intègre, esclave du devoir et de l'honneur. Le général Espinasse vint également nous inspecter. En dépit de cette sollicitude, le typhus revageait nos hôpitaux. Ceux des Anglais, installés à Scutari, sur la rive asiatique, s'en trouvèrent préservés. A Constantinople, comme en Crimée, la deuxième année de campagne montra la supériorité de l'administration anglaise sur la nôtre. Pourquoi?

Cette question valait la peine d'être posée et résolue. Une enquête approfondie n'eût pas manqué de conclure à des réformes radicales dans le service de l'intendance dont les vices persistants faillirent compromettre le succès de la campagne d'Italie et causèrent en partie les désastres de 1870. Ce n'est point sans raison, hélas! que les Allemands nous appellent un peuple léger *(leichtsinniges Volk!)*

Il y avait, parmi les convalescents de Maslak, une cinquantaine d'hommes de mon régiment. Au commencement de mai, quand tous furent rétablis, on me chargea de les conduire au petit dépôt de Daoud-Pacha. Pour nous rendre à cette nouvelle destination, nous prîmes par les Eaux-Douces et les derrières de la mosquée d'Eyoub. Sur certains points des hauteurs, nous nous trouvâmes en face du plus magnifique panorama qui se puisse imaginer.

A nos pieds la Corne-d'Or, avec ses ponts et ses milliers de navires; à gauche, des cimetières ombragés de cyprès, s'avançant jusqu'aux faubourgs de Galata et de Péra; à droite, Stamboul avec ses coupoles et ses minarets; au fond, le Bosphore, la mer de Marmara et l'Asie. Pendant mon séjour à Daoud-Pacha, je suis revenu souvent à cet endroit; chaque fois, j'y ai retrouvé la même jouissance. Au lever et au coucher du soleil, la lumière d'Orient étend sur

16.

ce paysage grandiose des couleurs incessamment variées dont la splendide harmonie défie toute description.

Plusieurs milliers d'hommes, appartenant à tous les régiments de l'armée, étaient réunis à Daoud-Pacha, attendant que l'évacuation complète de la Crimée permît de les rapatrier à leur tour. Une grande caserne turque, sous forme d'un parallélogramme, mesurant au moins trois cents mètres sur les grands côtés, portant une haute tour, surmontée d'un paratonnerre à chaque angle, servait d'hôpital, de magasin et de logement à l'intendance. Autour de ce centre étaient groupées les tentes des petits dépôts. Des cafés, des boutiques, toutes sortes d'établissements interlopes constituaient, à proximité, un village de baraques.

Un compatriote strasbourgeois, M. Boby, officier au 9ᵉ cuirassiers, commandait les petits dépôts de quatre régiments dont le mien faisait partie. Il me confia celui du 6ᵉ dragons, composé d'une centaine d'hommes. Cette surveillance me donna de l'occupation. La discipline n'était pas facile à maintenir dans cette troupe, où il y avait des éléments de rebut.

Parmi tant de malades évacués sur Constantinoble s'était faufilé plus d'un *carottier*. On appelle de ce nom les mauvais soldats qui simulent des maladies pour échapper au service. Je n'eus pas de peine à les reconnaître et les traitai en conséquence. Néanmoins, ils firent bien des fredaines.

Un jour, en traversant Stamboul pour toucher des effets aux grands magasins situés près de la Pointe-du-Sérail, ils ne trouvèrent rien de mieux que de remplir un sac avec les babouches que les Turcs ont l'habitude de laisser à la porte des mosquées, et de le vider dans la Corne-d'Or.

Taper sur les chiens qui encombraient les rues, sur la foi de la tolérance musulmane, était l'amusement favori de nos bandes indisciplinées. De longs hurlements permettaient de suivre leurs traces dans la ville.

La mosquée du sultan Soliman contenait des

milliers de pigeons, provenant d'un couple offert à ce sultan par une pauvre femme. Depuis lors, un legs spécial pourvoit à leur entretien. Comme les chiens, les pigeons turcs ne se défient pas de l'homme. En dépit de la surveillance, nos rôdeurs ne se faisaient point faute d'en prendre à chaque occasion. On avait beau les punir : le lendemain, c'était à recommencer.

Les Musulmans regardaient ces incartades avec l'indulgence que nous aurions pour des enfants. Ils n'ont pas l'instruction des peuples chrétiens ; en revanche, ils ont plus d'éducation. Au physique, ils sont propres ; au moral, dignes et réservés. A toutes les offenses des troupes alliées ils opposaient moins de colère que de dédain. Si la soumission des mouvements instinctifs à la réflexion est une marque de supériorité, les Turcs ont droit d'occuper un rang élevé dans la hiérarchie humaine.

A Daoud-Pacha je fis connaissance d'un sous-officier de chasseurs d'Afrique, ancien capitaine au long cours, qu'un événement dra-

matique avait contraint à chercher un refuge
dans l'état militaire. Il avait beaucoup voyagé,
beaucoup observé et beaucoup retenu. Un
fond de tristesse, qui le conduisit au suicide,
planait constamment sur son visage et sur sa
conversation. Bien qu'il eût dix ans de plus
que moi, des relations cordiales s'établirent
bientôt entre nous.

Montés sur des chevaux, que des officiers
avaient mis à notre disposition, nous passions à
la visite des monuments et des sites, des bazars
et des bains, tout le temps non employé par le
service. Quand les heures étaient comptées,
nous longions les anciennes murailles de Constantinople, fort curieuses par les matériaux de
toutes sortes qui entrent dans leur construction,
depuis le marbre des assises jusqu'aux chapi-
teaux et aux tronçons de colonnes incrustés
partout au hasard. De grands arbres ont poussé
sur ces ruines séculaires. Des aigles s'y repo-
sent de leur vol sans crainte du passant.

Le monastère de Baluklu, où l'on voit des

poissons miraculeux, un ancien port comblé, près du château des Sept-Tours, excitaient notre curiosité et alimentaient nos entretiens.

Parfois nous traitions des sujets plus graves. Tous deux nous étions inquiets de l'avenir de la France que nous sentions en péril par le sacrifice de la discipline et de toutes les traditions de la grande guerre au puffisme africain. La recherche du bien-être, le débraillé de la tenue, la tolérance de certains abus, entachant l'honneur militaire, montraient clairement que l'Algérie s'était vengée de la conquête en nous inoculant des germes de décadence : *Græcia capta ferrum victorem cepit.*

Notre avenir personnel nous semblait également compromis par la loi de la dotation de l'armée qui nous demandait de renoncer à l'avancement en échange de primes et de hautes payes.

On peut tout faire avec de l'argent, excepté des hommes d'honneur et de dévouement. L'empereur Galba préférait choisir ses soldats plutôt que de les acheter. Le grand

Condé disait qu'étant devant une place, il fit promettre cinquante louis à qui serait assez brave pour brûler une palissade sous le feu de l'ennemi. Le péril était si apparent que la récompense ne tentait personne. « Monseigneur, lui dit un soldat, je vous tiens quitte des cinquante louis si Votre Altesse veut me faire sergent. » Le prince trouvant de la générosité dans ce soldat, qui préférait l'honneur à l'argent, lui promit l'un et l'autre. Le soldat brûla la palissade, malgré une grêle de mousqueterie dont il ne fut que légèrement blessé. De pareils traits abondent dans l'histoire.

Une foule de vertus tient aux armes. Un véritable soldat a des instincts chevaleresques qui lui font mépriser l'argent ; il n'a pas besoin de parchemins pour être un homme noble. La nature l'a fait tel ; il faut le traiter comme tel.

Pour construire un édifice militaire à chaux et à sable, homogène de la base au sommet, je pense que, loin d'avilir les sous-officiers, en les traitant comme des mercenaires, on doit les ennoblir, en choisissant exclusivement parmi eux les élèves de Saint-Cyr, au concours, sans limite d'âge. Ce n'est qu'en leur assurant la considération et le respect des soldats que les sous-officiers seront ce que le maréchal de Saxe voulait qu'ils fussent, *l'âme de l'armée*. Alors les régiments n'en manqueront plus, et ils seront de première qualité.

Si j'ai insisté sur ce point, c'est parce qu'il a une importance capitale. Maintenant que toutes les classes de la société sont confondues sous les drapeaux, les galons des chefs, ne suffisent plus à commander le respect, s'ils ne correspondent pas à une véritable supériorité intrinsèque de caractère et de savoir. C'est plus qu'une conviction chez moi, c'est une certitude, tirée d'une longue expérience personnelle des grades inférieurs, qu'en recrutant les sous-officiers parmi l'élite de la jeunesse qui aspire aux écoles militaires, on accroîtra singulièrement la valeur morale de l'armée, à tous les degrés de la hiérarchie, et l'efficacité de la discipline sans laquelle il n'y a point d'armée.

Le vieux sérail, l'Hippodrome, la citerne des milles colonnes, l'aqueduc de Valens, etc., devinrent successivement le but de nos excursions lointaines.

Constantinople renferme un grand nombre de mosquées parmi lesquelles il y en a d'une fort belle architecture. Sainte-Sophie est surtout remarquable par les souvenirs qui s'y rattachent. Tout a été dit sur cet édifice célèbre, la mosaïque qui décore l'intérieur de sa coupole, les colonnes de porphyre et de jaspe tirées du temple du soleil de Rome et des ruines d'Éphèse, qui lui servent de supports. Je n'y ai jamais pénétré sans avoir hâte d'en sortir. Il m'a toujours semblé que la coupole, ébranlée par les tremblements de terre, mal assise sur des colonnes inclinées sous son poids, était sur le point de s'abattre. De fait, elle s'abattrait sans les contreforts extérieurs qui emmaillottent l'édifice.

La mosquée de Soliman-le-Magnifique, se trouvant sur la route de Daoud-Pacha à la Corne-d'Or, m'est surtout connue. Elle occupe le point culminant de Stamboul; en outre, sa coupole est plus élevée que celle de Sainte-Sophie. Le périmètre de son enceinte dépasse mille mètres. Elle est soutenue à l'intérieur par quatre massifs entre lesquels, se dressent, de chaque côté, deux colonnes en granit égyptien, mesurant quatre mètres de circonférence à la base, provenant, dit-on, du palais de Justinien.

Une sorte d'abside ornée de vitraux, les chaires, le *mihrab* sont de grande valeur artistique. Dans son enceinte se trouvent des écoles, une bibliothèque, un hôpital, un bain, un caravanserail où les voyageurs, les pèlerins et les marchands étrangers campent sur des nattes. Des ballots renfermant les objets précieux que les habitants veulent soustraire aux risques d'incendie, sont confiés à la mosquée sous la sauve-garde de la piété musulmane. Une esplanade plantée de cyprès et de platanes, une terrasse d'où l'on découvre la Corne-d'Or et le Bosphore, offrent la jouissance d'un des plus beaux points de vue du monde.

Les mosquées, les bains et le grand bazar condensent toute la vie orientale. Là seulement l'observateur peut surprendre les mœurs intimes des musulmans que les habitations particulières défendent contre la curiosité.

Le grand bazar surtout, immense édifice, semblable à une ville dont toutes les rues seraient voûtées et bordées de boutiques superposées, formait, à l'époque dont je parle, le *pandaemonium* le plus étrange et le plus instructif.

Toutes les races et toutes les variétés de l'espèce humaine s'y coudoyaient, s'emparant de l'œil par le contraste des costumes et de l'oreille par la confusion des langues. C'était un grouillement d'hommes bigarrés au milieu d'un amoncellement d'étoffes muticolores, de châles et de tapis de Perse, d'écharpes de Tunis, de babouches brodées de perles, de selles et de housses couvertes d'or et de pierres précieuses, d'armes contemporaines des Croisades, ornées de ciselures et d'incrustations. A l'orgie des couleurs se mêlait celle des parfums. Les pipes d'ambre, les chapelets de musc, les flacons de bergamote, de jasmin, d'eau de rose, achevaient de griser le cerveau.

Dans la rue, les femmes turques, jeunes ou vieilles, étaient confondues derrière leurs voiles épais comme des suaires. Au bazar elles se mettaient plus à l'aise. Le prétexte de chiffonner des étoffes ou d'examiner une parure permettait à la coquetterie féminine de dévoiler ses attraits. On pouvait ainsi admirer de fort belles créatures. Quant aux aventures romanesques que j'ai entendu raconter il y entrait sans doute plus de hâblerie que de vérité.

Le retour de l'armée de Crimée fut une bonne aubaine pour les marchands du bazar. Officiers et soldats de passage tenaient à emporter quelque souvenir, ne fût-ce qu'un chibouque ou un flacon d'eau de rose. Les Anglais achetant sans marchander, tout était hors de prix.

Dans certains quartiers de Stamboul, les rues mal pavées sont tellement en pente que le cheval de cuirassier, qui me servait de monture, glissait à chaque pas. Souvent j'étais obligé de mettre pied à terre, de crainte d'accident, tandis que mon collègue des chasseurs d'Afrique passait partout avec son cheval barbe. Pendant toutes ces excursions il ne nous arriva jamais la moindre avanie.

En s'écartant des rues en ligne droite, signalées par des écriteaux en langue française, menant du pont de Galata à la porte de Daoud-Pacha, on risquait de s'égarer. Alors, il suffisait de prononcer le nom de la destination pour qu'un Turc complaisant vous remît en droit chemin. Plus d'une fois, je fus accompagné fort loin par un passant qui se détournait exprès, m'offrant, en outre, le chibouque et le café. J'eus ainsi l'occasion de saisir au vol bien des traits de mœurs.

Un jour, en arrivant devant la boutique d'un pâtissier, un jeune garçon s'approcha de mon cheval et m'offrit, en bon français, une galette sucrée. Je lui fis diverses questions auxquelles il répondit avec beaucoup d'intelligence. Lui ayant demandé comment il avait appris le français : « C'est mon père, dit-il, qui me donne un professeur, afin que je devienne un savant. »

Cette rencontre, en plein Stamboul, d'un enfant parlant notre langue, me surprit d'autant plus, que l'italien dominait alors à Constantinople. Rien n'était plus facile, après la guerre de Crimée, que d'établir dans tout l'Orient la monarchie de la langue française. C'eût été le véritable dédommagement de tant de sacrifices dont il ne reste plus rien, pas même l'alliance anglaise, achetée au prix du sang.

En une autre circonstance, je fus témoin d'une dispute entre deux femmes du peuple. Sur quoi portait le débat, il me fut impossible de le savoir. C'était dans une rue écartée. Campées l'une en face de l'autre, les poings sur les hanches, elles traduisaient, dans leur langue, le vocabulaire du catéchisme poissard. Parfois elles crachaient à terre, ce qui marque, en Orient, le comble du mépris.

Qu'un Turc vînt à passer, elles le prenaient pour arbitre ; mais, comme elles parlaient en même temps, l'homme, à bout de patience, faisait claquer ses lèvres d'une manière particulière, qui correspond à notre haussement d'épaules, et continuait son chemin. Cette scène se renouvela plusieurs fois. Enfin, lasses de s'injurier, elles en vinrent aux mains ou plutôt aux griffes. *Yachmaks* et *feredjès*, voiles et manteaux furent bientôt en dentelles. La moins forte des deux se servit d'une grosse clé qu'elle tira de sa poche. L'autre prit alors la fuite, en laissant sur le champ de bataille ses bottines jaunes.

Ailleurs, une pareille scène eût attiré de nombreux spectateurs. Ici, les rares passants ne daignèrent pas s'arrêter. J'étais seul à poste fixe sur mon cheval.

Le respect des musulmans pour les fous est une des choses qui frappent le plus l'étranger. J'avais vu dans l'Europe chrétienne des bandes d'enfants courir après ces infortunés et leur faire subir de mauvais traitements sans que personne intervînt.

En Orient, les fous sont personnes sacrées, en vertu de la loi du prophète. Les fidèles observateurs de cette loi sont gouvernés par des principes moraux dont la haute valeur se reflète dans tous leurs actes. Ces principes expliquent la force de résistance que l'Empire turc oppose, depuis cent ans, aux plus grandes calamités.

L'habileté, le talent, le génie même ne peuvent longtemps naviguer sans gouvernail moral. La moindre tempête engloutit le navire qui porte leur fortune. En s'orientant, d'après quelques vérités supérieures, n'importe leur source, les sociétés comme les individus résistent à tout.

A partir du mois de juin, la chaleur étant très forte, tout le monde prit l'habitude de faire la sieste. Un jour que j'étais dans ma tente, j'entendis des voix effarées criant: Au feu! D'un bond je fus dehors. En effet, le feu venait d'éclater au milieu de l'un des petits côtés de la grande caserne. Je réunis mon détachement et le dirigeai au pas de course vers le sinistre. En quelques minutes, il y eut là des milliers d'hommes remplis de bonne volonté.

L'eau manquant, ainsi que les outils, le mieux était de couper de suite la moitié du bâtiment, à l'endroit naturellement indiqué par deux portes monumentales, s'ouvrant l'une en face de l'autre, au centre des grands côtés du parallélogramme. Il suffisait d'arracher la toiture de plomb, qui couvrait l'arc de ces portes et d'abattre avec des haches le trait d'union supérieur. Je pris même la liberté de faire part de cette idée au colonel, commandant supérieur, qui m'envoya promener, tout en m'ordonnant d'entreprendre une section à quarante mètres du foyer de l'incendie.

Cinq minutes après, la flamme, en passant par les étages inférieurs, menaça de nous couper la retraite et nous dûmes nous sauver en brûlant nos bottes dans le plomb du toit liquéfié par la chaleur. On nous fit recommencer le même travail plus loin avec le même résultat. Quand enfin l'ordre arriva d'ouvrir une tranchée au milieu, il était trop tard.

Tandis que chacun se donnait tout entier au sauvetage, survint un officier supérieur de l'intendance qui me demanda de prendre quelques hommes et de venir avec lui. Il avait l'air si agité que j'obtempérai résolument à son ordre, croyant qu'il s'agissait de tirer quelqu'un du danger. Courant derrière lui, nous gravîmes un escalier de trois étages aboutissant à une pièce où nous trouvâmes une énorme caisse, tellement lourde qu'il fut impossible de la remuer. Sans rien dire, je fis signe à mes hommes et sourd à la voix de M. l'intendant, je les conduisis sur un point où il y avait mieux à faire que de sauver les bibelots d'un collectionneur.

Déjà deux des quatre tours s'étaient effondrées, ainsi que les portes centrales, et les flammes n'avaient plus grand chemin à parcourir pour se rejoindre. Il était clair que tout le bâtiment y passerait. Les malades furent évacués. Quant à la literie, par suite d'un ordre absurde, elle avait été transportée dans la cour centrale où, comme de juste, elle prit feu.

Sur ces entrefaites, les pompiers de Constantinople arrivèrent, en courant, et firent merveille avec leurs haches et leurs perches armées de crochets. Ce fut en vain : les deux dernières tours s'écroulèrent avec fracas et le petit côté restant fut bientôt consumé.

Le feu avait pris à midi par la cigarette d'un malade. Quand je rentrai avec mon détachement, le cadran solaire, établi sur la place de Daoud-Pacha, marquait trois heures.

Quelques jours après, je reçus avis que le vapeur, *la France*, portant l'état-major et les deux premiers escadrons de mon régiment, était mouillé près de Top-Hané. Je me rendis aussitôt à bord, pour serrer la main à mes anciens compagnons d'armes. J'appris, par eux, que le régiment s'était transporté par terre d'Eupatoria à Kamiesh, son lieu d'embarquement, en faisant étape sur le champ de bataille de l'Alma.

La plupart des passagers étaient contents de rentrer en France. Quelques-uns voyaient avec peine la ruine de leurs espérances d'avenir et la triste perspective de la vie de garnison. Puisque tout était fini, je n'eusse pas mieux demandé que de rester à bord ; mais, le colonel Ressayre me déclara qu'on avait besoin de moi pour le rapatriement des convalescents et des traînards.

Mes camarades me retinrent jusqu'au moment de l'appareillage ; alors je descendis dans un caïque, attendant pour atterrir que le vapeur eût disparu derrière la pointe du Sérail.

En rentrant à Daoud-Pacha, par le pont intérieur de la Corne-d'Or, je fus arrêté au

milieu par l'enlèvement de plusieurs pontons.
Je cherchais la cause de cet empêchement, quand
je vis arriver plusieurs caïques de parade. Le
plus grand, à treize paires de rames, portait,
sous un dais, le sultan Abdul-Medjid. C'était
une belle tête d'homme blasé, douce et mélancolique, éclairée par des yeux profonds et superbes, empreinte d'une majesté naturelle qui
l'eût fait remarquer sur les épaules d'un men-
diant. Je me découvris, mais l'*ombre de Dieu
sur la terre* passa comme une vision sans dai-
gner me rendre mon salut.

Le 1ᵉʳ juillet seulement les petits dépôts des
6ᵉ et 7ᵉ dragons, des 6ᵉ et 9ᵉ cuirassiers reçurent
l'ordre de s'embarquer à bord d'un navire anglais. Nous étions quatre sous-officiers, chefs
de détachement, sous le commandement de mon
compatriote strasbourgeois, M. Boby. On nous
donna pour logement un grand carré de huit
couchettes où nous fûmes largement à l'aise.
Les hommes se trouvèrent aussi mieux installés
que dans les précédentes traversées. Le com-

missaire du bord ayant fait ses études à Iéna, parlait allemand, ce qui me permit d'entrer en rapports plus directs avec lui et d'obtenir bien des faveurs pour mon détachement.

Le vapeur fit route le même jour, remorquant un *clipper* américain de deux mille tonnes chargé de troupes de toutes armes. Les passagers se tenaient sur le pont pour saluer une dernière fois cet admirable paysage de Constantinople que beaucoup d'entre eux ne devaient plus revoir.

On franchit la mer de Marmara et les Dardanelles durant la nuit. Le voyage continua sans encombre jusqu'à Malte, où nous arrivâmes le cinquième jour pour renouveler la provision de charbon. Il y régnait une chaleur torride qui me remit à la mémoire l'appellation de *rocher brûlant de Malte*, que J.-J. Rousseau appliqua à cette île.

Le port avait perdu son animation d'autrefois. Plus de navires pavoisés en notre honneur! Plus de *hurrahs* frénétiques de soldats anglais et de matelots grimpés dans les vergues! Quelques vaisseaux de guerre endormis sur leurs ancres, de rares marchands d'oranges sur les quais, des sentinelles rouges sur les remparts, d'énormes canons penchés sur leurs embrasures assistèrent seuls à notre retour.

Malgré la chaleur, je voulus revoir les monuments visités en 1854, notamment cette église de San-Giovanni dont les dalles recouvrent tant d'ossements français. Partout la solitude et le silence. Je revins à bord en me demandant ce qu'étaient devenues les troupes de mendiants qui obstruaient toutes les rues lors de mon premier passage.

De Malte, où nous restâmes deux jours, jusqu'à hauteur de la Corse, pas un nuage au ciel, pas une ride sur la mer. Les soldats des deux navires, abrités par des voiles formant tente, jouaient ou dormaient sur le pont. Le soir, ils chantaient :

> Vers les rives de France,
> Voguons en chantant.
> . . . . . . . . . .

Il me fut impossible de partager cette joie.
La France! Je savais bien ce que je lui avais
donné; mais que me réservait-elle en retour?
La servitude en échange de la grandeur militaire; une discipline étroite et suffoquante
qu'Alfred de Vigny a comparée au masque de
fer du prisonnier inconnu; une carrière fermée
par des portes d'airain.

Alors, ma pensée se reportant vers la Crimée,
je regrettais du fond du cœur le bivouac glacé
du plateau de Chersonèse où, du moins, l'extrême misère avait pour compagne l'espérance.

En débouchant dans le golfe du Lion, le
mistral vint à notre rencontre, faible d'abord,
puis de plus en plus courroucé, soulevant les
vagues et mettant les deux navires en danse.
Un matin, nous nous trouvâmes en pleine tempête; de tous côtés les lames balayaient le pont.

Pour mesurer la force du roulis et du tan-
gage, il suffisait de regarder le *clipper* que
nous traînions à la remorque. Tantôt il se
couchait sur le flanc, découvrant sa carène;

tantôt il se cabrait, comme s'il eût voulu nous écraser.

Le mistral augmentait toujours. Une lame venant de travers nous heurta d'un choc épouvantable et arracha les bagages arrimés dans les couchettes supérieures. Deux cochons d'Inde, que j'avais achetés à Malte, furent broyés avec leur cage.

Tandis que je déplorais ce désastre, un de mes dragons vint à l'écoutille, en criant d'une voix désespérée : « Nous sommes perdus ! »

Je sautai sur le pont. En ce moment le *clipper*, dégringolant du haut d'une vague, venait de frôler notre arrière. Le même accident pouvant se renouveler, le danger était réel.

« Où en sommes-nous ? » demandai-je, en allemand, au commissaire qui se tenait cramponné à une corde tendue. « Ce capitaine, dit-il, est un animal. Il ne veut absolument pas lâcher l'amarre du *Yankee*, sous prétexte qu'il a pris l'engagement de le conduire jusqu'à Marseille. Vous voyez !... »

De nouveau, l'Américain descendait sur nous. La moindre erreur de gouvernail, et nous étions brisés. Quant à notre capitaine, il se tenait sur sa passerelle, mâchonnant entre ses dents un reste de cigare, en vrai loup de mer qui en a vu bien d'autres. En pareil cas, il n'y a rien à faire que de se confier au destin.

Étant redescendu dans le carré, j'y trouvai mes trois camarades priant à haute voix : « Notre père... » J'ai honte de le dire : dans ce spectacle de trois vieux troupiers qui, la veille, ne croyaient ni à Dieu ni à diable, à genoux, priant avec ferveur, ce fut le côté grotesque qui me frappa surtout. Il me prit un accès de fou-rire qui ne fit que s'accroître devant leurs protestations furibondes. « Tu veux donc attirer sur nous la colère du ciel! » me crièrent-ils. On eût dit qu'ils voulaient me dévorer.

Aujourd'hui, pareille scène ne me ferait plus rire ; mais je souris, quand on parle devant moi de supprimer la religion. Alors, me souvenant de mes trois camarades et de tant d'autres observations faites depuis, j'estime que, dans un pays où la libre pensée ne parviendra jamais qu'à changer les formes de la superstition — *Natio est omnium Gallorum admodum dedita religionibus*, a dit César — la tolérance est de rigueur.

Fidèle à sa parole, notre capitaine continua sa route en remorqueur. Le soir, nous arrivâmes à Porquerolles, la plus occidentale des îles d'Hyères, où nous trouvâmes un abri. Le lendemain, le mistral apaisé nous permit de gagner le port de Marseille. C'était le 12 juillet 1856, vingt-sept mois après notre départ de Tarascon.

A part l'honneur d'avoir servi la France, la campagne ne m'avait rien rapporté qu'une médaille d'argent à l'effigie de la reine d'Angleterre, un léger duvet à la lèvre supérieure et la matière de ces souvenirs.

FIN

# TABLE DES CHAPITRES




Émile Colin. — Imprimerie de Lagny.